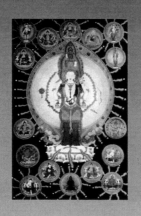

心一堂彭措佛緣叢書・索達吉堪布仁波切譯著文集

《〈修心七要〉耳傳略釋》講義

加哲無著尊者　原著
堪布索達吉仁波切　講解

書名：《〈修心七要〉耳傳略釋》講義
系列：心一堂彭措佛緣叢書・索達吉堪布仁波切譯著文集
原著：加哲無著尊者
講解：索達吉堪布仁波切
責任編輯：陳劍聰

出版：心一堂有限公司
地址/門市：香港九龍尖沙咀東麼地道六十三號好時中心LG六十一室
電話號碼：+852-6715-0840　+852-3466-1112
網址：www.sunyata.cc　publish.sunyata.cc
電郵：sunyatabook@gmail.com
心一堂 彭措佛緣叢書論壇：　http://bbs.sunyata.cc
心一堂 彭措佛緣閣：　　　　http://buddhism.sunyata.cc
網上書店：　　　　　　　　http://book.sunyata.cc

香港及海外發行：香港聯合書刊物流有限公司
地址：香港新界大埔汀麗路三十六號中華商務印刷大廈三樓
電話號碼：+852-2150-2100
傳真號碼：+852-2407-3062
電郵：info@suplogistics.com.hk

台灣發行：秀威資訊科技股份有限公司
地址：台灣台北市內湖區瑞光路七十六巷六十五號一樓
電話號碼：+886-2-2796-3638
傳真號碼：+886-2-2796-1377
網絡書店：www.bodbooks.com.tw
台灣讀者服務中心：國家書店
地址：台灣台北市中山區松江路二〇九號一樓
電話號碼：+886-2-2518-0207
傳真號碼：+886-2-2518-0778
網絡網址：http://www.govbooks.com.tw/

中國大陸發行・零售：心一堂・彭措佛緣閣
深圳地址：中國深圳羅湖立新路六號東門博雅負一層零零八號
電話號碼：+86-755-8222-4934
北京流通處：中國北京東城區雍和宮大街四十號
心一店淘寶網：http://sunyatacc.taobao.com/

版次：二零一五年八月初版，平裝

定價：　港幣　　　　九十八元正
　　　　新台幣　　　三百九十八元正

國際書號 ISBN 978-988-8316-98-4

目錄

《〈修心七要〉耳傳略釋》講義

《〈修心七要〉耳傳略釋》講義

加哲無著尊者　著釋

索達吉堪布　譯講

頂禮吾等本師釋迦牟尼佛！

頂禮文殊智慧勇識！

頂禮大恩傳承諸上師！

　　無上甚深微妙法，百千萬劫難遭遇，

　　我今見聞得受持，願解如來真實義。

　　為度化一切眾生，請大家發無上殊勝的菩提心！

第一節課

（2005年7月6日晚上9時）

　　這次，我利用開「普賢雲供法會」的八天時間，為大家宣講《〈修心七要〉耳傳略釋》。

　　一般來說，在藏傳佛教歷史上，眾多寺院的高僧大德經常開演此法門，甚至西方、東南亞等很多國家，也將本論翻譯成英文，經由很多上師傳講。台灣等地雖有不同的漢文版本，但在中國，迄今為止，以漢語傳講的人卻少之又少。

《〈修心七要〉耳傳略釋》講義

《修心七要》對發大乘菩提心的修行人來說非常重要，藏傳佛教的噶當派對此尤為重視，視其為修行的核心。作為我們寧瑪巴，以前也有很多高僧大德，包括法王如意寶等大恩上師，都對這個法門非常看重。本來我這裡有很多大德的注疏可作參考，廣泛宣講沒有多大問題，但這一次因為時間的關係，我傳講得不會太廣，只是簡單從字面上給大家作個介紹：

【《〈修心七要〉耳傳略釋》】

《〈修心七要〉耳傳略釋》是噶當派恰卡瓦格西所造的一部比較簡略的論典。以前，噶當派的大德為了注釋《修心七要》，會專門著一些內容廣泛的耳傳教言書，如夏東格西所造的五部論著，其中一本就是《修心七要》的廣釋。另外，寧瑪巴有貢智仁波切的講義，格魯派有《修心七要注疏.日藏論》，在印度，以觀音菩薩為主的上師們，也經常傳講本論內容。

【加哲無著尊者著】

我們現在講的注釋，是尊者加哲無著作的耳傳略釋。「加哲」是菩薩之意，這位無著菩薩並不是印度的那位無著菩薩，他是《佛子行》、《入行論.善說海》的作者。《入行論.善說海》前附有無著菩薩的略傳，在這裡，就不作詳細的介紹了。

但不管怎麼說，法王如意寶以前曾再三講過：「無著菩薩是藏地無與倫比的大德，他已真正修成了世俗和勝義菩提心，以菩提心的感召力，他可使身邊的天敵，如山羊與豺狼等和睦相處、互不損害，並且都具有慈悲心。無論什麼人，只要看過、接觸過、憶念過這位大菩薩金剛語所造的論典，其相續中一定會生起菩提心。」鑒於此，法王如意寶還沒圓寂時，就非常想講《入行論.善說海》這部講義，但由於眾生的福報淺薄，這個願望始終沒有實現。儘管如此，我們從《佛子行》短短的37個頌詞中，也可了知無著菩薩以大悲心的感召，能令菩提心在每個眾生相續中生起來的事實。

【頂禮大悲尊者（觀世音菩薩）！】

　　這是總頂禮句。《佛子行》中也是頂禮觀世音菩薩，尊者一生對觀世音菩薩具有不共的信心，有些史書中記載，尊者無著就是觀世音菩薩的化身。

　　大家應該清楚，在廣大悲心方面，沒有一個補特伽羅能比得上我等本師釋迦牟尼佛，而以釋迦牟尼佛為代表的諸佛的大悲心，又是以觀世音菩薩的形象來顯現的。所以，要想我們相續中生起大悲心，首先必須依靠觀世音菩薩的加持，有了大悲心以後，相續中的菩提心才能產生。因此在這裡，作者先頂禮觀世音菩薩。

《〈修心七要〉耳傳略釋》講義

【三學清淨圓二菩提心，彰顯善逝聖教於十方，持教法者頂部之嚴飾，頂禮無等師尊之蓮足！】

接著是對自己上師的頂禮。在我的記憶中，傳記裡說作者一生依止了很多上師，如恩重如山的十大上師、廣聞博學的十大上師、無與倫比的兩大上師……然而，使他相續中真正生起菩提心的上師是索南扎巴和仁欽西日，這裡頂禮的對象就是以索南扎巴為主的上師。

這些上師們戒定慧三學清淨，世俗與勝義菩提心究竟圓滿，依靠他們的悲心，釋迦牟尼佛的聖教得以弘揚於十方三世，不僅如此，他們的地位也是尊貴無比，所有持教大德都把其當作自己頭頂上的嚴飾。在如此無與倫比的上師清淨蓮足下，作者無著菩薩畢恭畢敬地作頂禮。

【三世佛子唯一之路徑，一切利樂源泉大寶藏，具緣弟子再再勸請故，遵照上師教言而闡釋。】

這個頌詞一方面宣說了這部論典的特點，另一方面也作了簡單的立宗。

本論有什麼特點呢？它是十方三世諸佛唯一的成佛之道。因為《〈修心七要〉耳傳略釋》主要講了世俗菩提心和勝義菩提心，這兩種菩提心是過去、現在、未來諸佛修行的必經之路，若想避開此路而成就佛果，自古以來聞所未聞、見所未見。同時，它還是一切利樂的源

泉，修學本論，不僅可以獲得暫時的人天安樂，而且也能得到聲聞、緣覺、菩薩三解脫道的究竟利益。它就像如意寶藏取之不盡、用之不竭，能滿眾生一切所願一樣，三世諸佛也是依此菩提心而得以成就。《入行論》第一品中講，菩提心是一切利樂的源泉，這種源泉對於世間人來說，不管是父母還是仙人，即使在夢中也從來沒有夢到過；不要說是為眾生，就算為自己，也沒有生過這樣的菩提心。因此，對大家來說，這部能引生菩提心的大乘論典極為殊勝。

本論是在什麼情況下造的呢？「具緣弟子再再勸請故，遵照上師教言而闡釋。」後面的結文中也講了，本論是在具大乘因緣的弟子——扎巴江村的再三勸請下，遵照歷代傳承上師的教言而做的簡單闡述。

以上講的是頂禮句和立宗句。

大家應該清楚，《〈修心七要〉耳傳略釋》文字雖然好懂，但在這八天之內，圓滿傳承是非常重要的。噶當派的大德在修行時，按照的都是傳承上師的教言，在觀修菩提心時，也經常會念傳承上師的祈禱文。以前，貢智仁波切曾作過《修心七要》的傳承祈禱文，此傳承是從釋迦牟尼佛、彌勒菩薩、無著菩薩、世親菩薩，一直傳到金洲論師、阿底峽尊者、仲敦巴、博多瓦、恰卡瓦，現在又傳至我們的根本上師法王如意寶。如此清淨的傳承，經常祈禱是很有必要的。

《〈修心七要〉耳傳略釋》講義

學習本論，並不像學中觀、因明那樣，要依靠各種各樣的邏輯推理，而是應在實際中去真正修持。這部論典從頭到尾，只講了一個問題——修菩提心，其中勝義菩提心講得不廣，關鍵講的是世俗菩提心，這對大家來說，修起來就比較容易，也很有必要。否則，沒有實修，只是在口頭上講得天花亂墜，那是沒有任何意義的。比如，我們現在學的《大圓滿前行引導文》，就意義而言，世界上再也沒有比這更深的佛法了，但是若沒有修持，只是耽著於詞句表面，那麼就算將整本書倒背如流，實際上對相續也起不到什麼作用。因此，在佛法中，一方面講經說法非常重要，如果不講，很多人就不會明白其中的道理，另一方面，只有講經說法也是不夠的，我們還要將所知內容在自相續中反覆串修，要不然，聽聞到的佛法就像在石頭上倒水一會兒就乾了一樣，對自己的解脫不會產生多大影響。

所以，我希望大家能在這八天的時間裡，將心專注於實修方面，即使平時聞思比較忙的人，每天也應抽出15至30分鐘來觀修。倘若菩提心在相續中能夠生起，那大圓滿、大手印的境界就很容易出現了。

現在經常有人傳言：不用修加行，也不用觀菩提心，只要在某位上師面前灌個頂，得一個直指心性的教言，馬上就能開悟，而且弟子也真以為自己已經開悟了。其實這種開悟到底有沒有，是很難說的。依菩提道

次第的真正修法，不經過任何前行，也沒有修過菩提心，想直接獲得開悟，並不是一件容易的事。即使有開悟，也只不過是依靠上師的加持，剎那認識了心的本性而已，可是不用一會兒，煩惱烏雲就會將這種悟境完全覆蓋，自己與普通人又沒什麼兩樣了。所以，這種開悟不穩固，充其量也只能說是「開悟過」，而不能說是「開悟了」。

因此，大家應當按照噶當派的傳統，在理解文字的基礎上，經常於心中反覆觀修。我們這裡有很多道友，多年來下了很大的工夫，一直在觀心的本性，但就你們的修行內容，我想提一個建議：正行之前，最好先修菩提心。當年阿底峽尊者進藏時，著重弘揚的就是菩提心，後來他有些弟子不願去聽法，原因是尊者每天只重複兩句話：「看破世間！修菩提心！」除此之外，什麼也沒有。後來這些話傳到了尊者耳中，尊者非常高興地說：「看樣子，我已經抓到了佛法的重點：看破世間是出離心，修菩提心是大乘的根本。有了這兩點，就已經非常不錯了。此人的評價，實是對我無上的讚歎！」

的確如此，在修行過程中，首先應對今生的事務看破、放下，去年講《開啟修心門扉》時，我相信大家在出離心這方面，已經有了堅固的信解。在此基礎上，再通過學習本論，進一步修菩提心，必能令自己的修行境界越來越穩固、越來越增上。

《〈修心七要〉耳傳略釋》講義

【諸位補特伽羅如果想獲得無上圓滿正等覺的果位，就必須在發菩提心之後，精進修持世俗菩提心和勝義菩提心。】

在座諸位，如果你們想獲得圓滿的佛果，一定要先發無上的菩提心。那麼，只要發心就可以了嗎？並非如此，還要精進地修持菩提心——世俗菩提心和勝義菩提心。如前所說，這一點才是諸佛菩薩的正因。

【正如聖者龍樹菩薩所云：「自與此世間，欲得大菩提。本謂菩提心，堅固如山王，大悲遍十方，不依二邊智。」】

在《中觀寶鬘論》中，龍樹菩薩諄諄告誡：我們自己以及這個世間的所有眾生，要想獲得登地以上的大菩提，其根本必須具備三個正因：菩提心、大悲心、無二慧。具體而言：

1）「菩提心堅固如山王」：須彌山王巍然聳立，世間任何風也無法將其吹動，同樣的道理，菩提心也應如山王般穩固，始終不為外境的違緣、魔障所牽動。

2）「大悲遍十方」：「大悲」並不是只對父母、親友存在悲心，而對怨敵和其他可憐眾生一點悲心也沒有，因為這種相似的大悲沒有平等，所以根本無法周遍。就像如今有些宗教，只對人類有悲心，而其他眾生的痛苦，他們卻視而不見、充耳不聞一樣。

佛教與之完全相反，釋迦牟尼佛最大的特點就是悲心，佛陀成道摧毀十萬魔眾時，並沒有使用各種武器，也沒有依靠種種神變，唯一就是以大悲心，將魔的嗔心

化為了朵朵蓮花。作為修行人，儘管有些人口才好，有些人身材好，有些人勢力大，但這都不是值得讚歎的，我們唯一應讚歎的，就是相續中有一顆尊貴的悲心。這一點哪怕是對小孩子，我們也應從小就灌輸他們悲心的教育，令其調柔相續，成為一個慈悲善良的人。

3）「不依二邊智」：依靠不墮輪涅二邊的空性智慧，也即《入中論》所說的「無二慧」。

只有具備了以上三者，我們才能終證無上大菩提。

【至尊阿底峽尊者在修習菩提心方面的竅訣，（主要）來自於三位上師。第一位上師，是割下自己身肉布施他人，並因專一修持大悲心而獲證空性的達瑪吉達上師；第二位上師，是敢於自受他苦的宣巴南鳩上師；第三位上師，就是大名鼎鼎的金洲大師。】

要修菩提心的話，這方面的教言非常多，比如寂天菩薩以理證宣說的《入行論》、以教證宣說的《集學論》，都著重抉擇了自他相換的修法；阿底峽尊者在修持菩提心方面，另外還有七個程序：知母、念恩、報恩、悲心、慈心、勝解信以及生起，但這裡所講的七種教言略有不同。我們學《菩提道燈論》時也講過，阿底峽尊者對藏地作出了相當大的貢獻，以前尊者在印度時，他的上師和本尊曾授記，如果去藏地弘法的話，他將利益無量人和非人眾生，但自己的壽命會大大縮減，本來可以活到九十二歲，如果到了藏地，七十二歲就會圓寂。然而，尊者不顧自己的生命，發願來到雪域，著

《〈修心七要〉耳傳略釋》講義

重弘揚了大乘菩提心。

　　至於修菩提心方面的竅訣，尊者主要來自於三位上師，下面做一下簡單的介紹：

　　1）割下自己身肉布施他人的達瑪吉達上師：他是一位小乘有部宗的班智達，雖然前半生沒有聽聞過大乘佛法，但相續中的悲心卻非常重。有一次，他的鄰居得了一種怪病，醫生說只有依靠活人的精肉才能治癒，除此以外別無他法。為了救人，達瑪吉達把大腿的精肉割了下來作為藥引，因為還是凡夫，所以感受了劇烈的疼痛，但由於悲心深重而沒有生起後悔之心。不久，病人果然痊癒，他感激地來到達瑪吉達上師面前說：「我的病已經完全好了，但卻給您帶來了這麼大的痛苦！」上師回答：「只要您能得到安樂，我即使死亡也可以忍受。」當天晚上，他夢到一個身穿白衣的人對他說：「欲獲無上菩提，必須要經歷像你這樣的苦行，善哉！善哉！」然後用唾液輕拭他的傷口。第二天早晨醒來，傷口果然恢復如初且未留絲毫痕跡，同時，般若空性的境界也在他相續中如實生起，《中觀六論》的所有詞句不僅可以朗朗背誦，而且意義也能通達無礙。

　　後來，他對阿底峽尊者傳講了很多修菩提心的教言，其中最著名的有《孔雀滅毒》和《寶劍論》。

　　2）敢於自受他苦的宣巴南鳩上師：宣巴南鳩，意為仁慈瑜伽。這位上師常於寂靜處修「自他相換」，將

第一節課

他人所有的不順、痛苦、疾病以自己來代受，將自己所有的快樂、福報、善根等迴向眾生。尤其他喜歡在恆河邊修持大悲菩提心。有一次，彌勒菩薩在他的境界中親自顯現，以金剛歌的方式，對他的自他相換予以高度讚歎，並賜予了種種教言。依彌勒菩薩的加持和自己菩提心的感召，當地的國王、大臣、婆羅門、沙門、貧民，乃至羅剎、夜叉等非人，大象、獅子、螞蟻等旁生，都願意集中到他的面前，接受菩提心的加持。當時，在整個恆河流域，宣巴南鳩上師的菩提心竅訣無與倫比，阿底峽尊者也在他面前接受了很多這方面的教言。

以上兩位，是尊者年輕時的上師。

3）大名鼎鼎的金洲上師：金洲，史學家認為是印度尼西亞，根登群佩認為是現在的斯里蘭卡，無論如何，它是離印度有一定距離的某個地方。當時，阿底峽尊者已經依止了很多上師，有一次在金剛座轉繞菩提塔時，度母現於空中，顯示種種神變，指點他說：「如果你想繼續利益眾生，必須要依止金洲上師，修持大悲菩提心。」於是，尊者帶領很多班智達，用十三個月的時間，航海抵達金洲，途中他們經歷了種種磨難，有時差點被巨浪吞沒，有時遇到凶猛的食人鯨，但依靠菩提心的加持，終於遣除了一切違緣，順利地來到金洲上師面前。上師見到尊者後，淡淡地說：「如果你能留下來十二年修持菩提心，我可以攝受你。否則，絕不攝

受。」尊者想：「既然歷經千辛萬苦才到這裡，我一定要留下來。」為了求法，尊者毅然答應了金洲上師的條件。此後十二年中，尊者與上師同居一室，之間只隔一條布簾，日日夜夜唯修菩提心，最後金洲上師相續中的菩提心，猶如傾滿妙瓶般全部注於了阿底峽尊者的相續。當尊者離開上師時，上師賜給他一尊閃閃發光的釋迦牟尼佛像，象徵他將成為整個佛法的教主，同時也授記他今後會到藏地雪域，弘揚大乘菩提心。

　　史書中說，尊者前後共依止了一百五十多位上師，其中十三位是大成就者。別的上師圓寂時，尊者並沒有開很隆重的法會，唯獨金洲上師圓寂後，尊者不間斷地每個月為上師舉辦「忌日供會」，供有很多燈盞。不僅如此，每當尊者提到其他上師的尊名時，會合掌當胸，可一提及金洲上師的尊名，就合掌於頂，雙目垂淚，弟子們問尊者：「您在說諸位上師尊名時，有如此大的差別，這是因為上師們的功德有別呢，還是對您的恩德有別呢？」尊者回答：「我所有的上師都是大成就者，功德如佛一般沒有差別。而在恩德上卻有大小之別，我相續中的這少分菩提心，就是依靠金洲上師而得的，因此他老人家對我的恩德最大。」

　　【而此處所講的，就是金洲大師的教規。雖然金洲大師的教誨也是浩如煙海，但依照善知識恰卡瓦的宗派，卻是從七個要點來進行宣說的：包括宣說前行法、正行修持菩提心、惡緣轉為菩提道

用、歸結終生之修法、修心圓滿之標準、修心之誓言、修心之學處七個方面。】

《中觀莊嚴論》中說：有些人依靠空性見生起菩提心，有些人依靠菩提心生起空性見。阿底峽尊者是藏地公認的應成派論師，而他所遇到的上師，有些是有部宗的（達瑪吉達上師）、有些是唯識宗的（金洲上師），儘管見解比不上尊者，但都是依靠菩提心證悟了般若空性，由此菩提心的重要性可見一斑。

雖然阿底峽尊者的菩提心竅訣來自於三位上師，但此處所講的，就是金洲上師的教規。尊者進藏後，依度母的授記，最主要的弟子是仲敦巴，仲敦巴門下有三大弟子——普瓊瓦、博多瓦、金厄瓦，其中博多瓦又有兩位主要弟子，分別是朗日塘巴和恰卡瓦，菩提心教言就是這樣一代代傳下來的。

金洲大師的教言非常豐富，而這裡，恰卡瓦格西主要將其歸納為七大要點：前行法、正行修持菩提心、惡緣轉為菩提道用、歸結終生之修法、修心圓滿之標準、修心之誓言、修心之學處。其中，前行與正行是具體修持的法門，後面五點則是附加的內容。

《〈修心七要〉耳傳略釋》並不是理論上了知就可以了，希望大家多利用時間反覆修持。忙於聞思的道友，儘管不可能花很長的時間，但每天串習一下，也是很有必要的。尤其是老年人，雖然口中念誦阿彌陀佛，

《〈修心七要〉耳傳略釋》講義

但心中如果沒有修過菩提心，念佛也沒有多大意義，所以你們一定要真正修持，因為修持的功德完全超越了平時的念誦。前一段時間我也講過，只是無念地坐禪，根本不可能證悟心性，一定要先修持菩提心，有了菩提心，其他修行便很容易成就了。

　　噶當派的修行竅訣比較多，此處的修法與寧瑪巴的修行教言有一點不同，寧瑪巴主要依照《大圓滿前行》，而這裡則是噶當派的修行方法：先將屋子打掃乾淨，門窗緊閉，屋內遍灑香水，觀想這是迎請諸佛菩薩的宮殿。佛堂上，先擺放釋迦牟尼佛，接著擺上遣除外面違緣的綠度母，遣除內部違緣的不動佛，以及諸佛菩薩大悲心的代表——觀世音菩薩，這是噶當派的四大本尊。然後，面對佛像，念誦皈依、發心，並想：「願諸佛菩薩加持我，為了利益一切眾生，我一定要修持菩提心。」接著作七支供、供曼茶羅，並思維、觀想、修持從「人身難得」、「壽命無常」直到菩提心正行之間的所有程序。如此每天早上修持一個小時。

　　這一系列修持下來並不會太難，在座四十歲以上的中老年人，無論如何也應該修一下了。這裡並不是要你們去修持勝義菩提心，因為現在大部分人不懂中觀，對一般人來說，生起勝義菩提心確實比較困難；然而，世俗菩提心就不一樣了，即使七、八十歲也是可以修的，過兩天講「世俗菩提心的本體」時，你們就會知道，其

實世俗菩提心極易修持，關鍵就是看自己修不修了。

就像前段時間學的《大圓滿前行》，理論上我講得比較詳細，可是大家有沒有修呢？有些人說：「五十萬加行我已經修完了！」但是「人身難得」、「壽命無常」等共同加行，你們想過多少次，修過多少次？堪布阿瓊（虹身成就者）曾把「發菩提心」之前的加行專門修過一百天，一個引導一個引導地逐步修持（《密宗實修法》中有具體方法），你們如果沒有修這些，要想獲得成就，是非常困難的。

有人若想依次第實修，按寧瑪巴的修行，可以參閱《大圓滿前行引導文》、《大圓滿心性休息》，若按格魯派的修行，應以《菩提道次第廣論》中的教言為主。

全文分七：一、宣說前行法；二、正行修持菩提心；三、惡緣轉為菩提道用；四、歸結終生之行持；五、修心圓滿之標準；六、修心之誓言；七、修心之學處。

甲一、（宣說前行法）分三：一、暇滿難得；二、死亡無常；三、輪迴過患。

《〈修心七要〉耳傳略釋》講義

【當修前行法】

【修學前行，可以從暇滿難得、死亡無常以及輪迴過患三個方面來進行觀修。】

乙一、（暇滿難得）：

【首先觀修：獲取修法之所依──滿人身的因，就是必須圓滿地修持善法。然而，能夠修持善法的眾生卻是極其稀少的，因此，獲得暇滿果報的機會也是難上其難的。如果對旁生等其他眾生進行觀察，就能真切地體會到：牠們獲得暇滿的機會簡直是絕無僅有。

因此，我們就應當敦促自己：千萬不要令自己所獲得的暇滿人身成為毫無價值，而應當專心修持清淨妙法！】

要想獲得暇滿人身，必須圓滿地修持善法，然而，現今能修善法的人少之又少，我們可以看看，中國共有十三億人口，而真正行持善法的又有多少呢？如果對周圍的旁生進行觀察，也會發現由於一直在造惡業，牠們獲得暇滿人身的機會，可以說是絕無僅有。

現在，我們已經得到了暇滿人身，就千萬不要空耗，而應經常觀想：得到暇滿人身的機會這麼稀少，如果我一直這樣放逸，來世可能連人身都得不到了，所以從今以後，我一定要精進於修持清淨善法。

這些並不是口頭上說說，而是一定要在心中再三串習。如果要想進一步廣修，則可參考《大圓滿前行引導文》或《大圓滿心性休息》，但若沒有條件的話，至少這一句話也應該反覆思維。

第一節課

乙二、（死亡無常）：

【其次觀修：壽命無有定準，死緣紛紜而至，僅僅今天不死的

把握都沒有。從現在開始，就應當精勤不倦地修持勝妙佛法。】

我們當中，誰敢肯定自己今天不會死？問問每個人，誰也沒有這麼大的把握。雖然「壽命無常」我們可以廣講，但僅就這一點——今天不死，大家都沒有把握，那為什麼還不趕快修呢？

乙三、（輪迴過患）：

【最後觀修：正如經中所云：善惡業的果報就是苦樂。因此，自己就應當拋棄一切惡行，盡力修持善行。】

值得注意的是，這個科判雖然是「輪迴過患」，但講義內容卻是「因果不虛」。這裡雖然沒有直接講輪迴有什麼過患，但我們也可以簡單想一下：無邊無際的輪迴中，六道眾生各自感受著怎樣的痛苦，這所有的一切，皆是惡業招致的果報。

甲二、（正行修持菩提心）分二：一、修持勝義菩提心；二、修持世俗菩提心。乙一、（修持勝義菩提心）分三：一、前行；二、正行；三、結行。

丙一、（前行）：

【首先皈依、發心，然後祈禱上師本尊，作七支供，身體端直而坐，並無有錯亂、不多不少地數二十一次呼氣與吸氣，以此即可成為堪修禪定的法器。】

《〈修心七要〉耳傳略釋》講義

修勝義菩提心的前行是：首先皈依、發心，然後祈禱與釋迦牟尼佛無二無別的上師和本尊。修七支供積資淨障後，身體依「毗盧七法」端直而坐（跏趺坐、半跏趺坐皆可），通過數息法來調柔粗重的分別念：將注意力專注於呼氣或吸氣皆可，共數呼吸二十一次。

雖然大圓滿的某些修法要數九次呼吸，但若修此法門，則應當數息二十一次，這樣才能成為修禪定的法器。

丙二、（正行）：

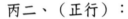

【思諸法如夢】

【首先思維：作為所取外境而顯現的一切器情世間，也如同夢境一般，只是在自心迷亂之後，才會出現這些現象。在內心之外的其他地方，絕不可能存在絲毫（的外境），從而斷除一切增益。】

做夢的時候，夢中的山河大地只是分別心的迷亂顯現，根本不存在一絲一毫的堪忍自體。同理，我們現在所取的外境，也是心的遊舞幻化，不可能存在一個實有的本體。依此推理方式，抉擇萬法不存在，從而斷除一切增益。

【觀心性無生】

【如果認為：心是否是實有的呢？】

剛才說了，除心以外不存在絲毫的所取法，那麼，這是否意味著能取的心識本體實有呢？通過以下觀察，

第一節課

我們將發現心的本體也同樣不存在。

【心的生住滅三者也是空性，並不存在顯色與形色等等，又因為身體的內外也不存在，所以其本性無論如何也不可能成立，並安住於什麼都不執著的無念境界之中。】

此與大圓滿的修法沒什麼差別，都是先觀察心是怎樣產生的：心沒有來源、住處、滅盡的地方，不存在任何的顯色形色等等，身體的內外也沒有它的蹤影，對此一一剖析，之後發現心的本體根本無法成立，進而安住於真實無念的境界當中。

【對治亦自解】

【此時如果生起了所有身（境）心都是空性的對治念頭，則觀察這些對治念頭的本性，從而了知其無有自性，並在這種境界中安住。】

所取的外境不存在，能取的心識也不存在，對治心與外境實有的空性智慧是否存在呢？同樣也不存在。

通過以上觀察，我們認識了萬法的本來體相：外境、內心、對治的空性，這三方面都不存在。下面，進一步通過安住的方式，來認識萬法的本性——勝義菩提心。

【為了宣說這種安住方式，（而於頌詞云：）

道體住賴耶

遠離七識的一切散攝，在任何本性不可成立，內心

《〈修心七要〉耳傳略釋》講義

19

不執著於任何法的無念境界中明然而住。】

道的本體安住於阿賴耶，這個阿賴耶就是如來藏的光明分。除了剛才所講的空性以外，心還存在一種自相不滅、了然分明的本體，這個自明自知的部分就是如來藏的光明本色，若能在此境界中自然安住，則與大手印的「四種安住」沒有差別。

前三頌依靠觀察，抉擇了二轉法輪的空性本體，這一頌通過安住的方式，認識了三轉法輪的光明本體，這就是現空雙運的勝義菩提心。

由於沒有證悟勝義諦，這種菩提心我們現在不一定修得來，但是依靠中觀的推理，短時間內，我們也可相似地安住。

丙三、（結行）：

【坐間修幻化】

【隨著等持覺受的出現，從而了知自他任何器情世間的所有顯現都如同幻化，現而無實有。並令一切行為儀表都依此行持。】

「坐間」就是出定。出定後，了知所有的器情世間如幻如夢，現而無有自性。同時，令自己行住坐臥一切的威儀，都在這種沒有實執的狀態下行持。

今天就講到這裡。

第二節課

（2005年7月7日晚上9時）

今天繼續講《〈修心七要〉耳傳略釋》。

此修心法主要從七個方面宣講，首先是修心的前行，然後正式講菩提心，接著是惡緣轉為道用、歸結終生之修持、修心圓滿之標準、修心之誓言，以及修心之學處。

作為一名修行人，在修持的過程中，依靠什麼條件才能成佛呢？依靠這七種竅訣就可以。在座每個人手上的這本小冊子，可以說涵蓋了釋迦牟尼佛八萬四千法門的所有精華教義。

昨天，先簡單介紹了如何修持前行。所謂共同前行，一般分為四種：人身難得、壽命無常、輪迴過患、因果不虛。這些基礎我們必須打好，否則菩提心根本無法修成。

正行修持菩提心，主要分為勝義菩提心與世俗菩提心，其中，勝義菩提心又分前行、正行、後行三個階段。修前行時，必須具備一些不共加行：坐勢——毗盧七法、心要——專注於所緣、風要——觀修二十一次風；在正行時，如果平時有大中觀、大圓滿的境界，就應當盡量安住。然而一般來說，勝義菩提心只有一地菩薩以上才能獲得，凡夫只有相似地安住，而沒有辦法真

《〈修心七要〉耳傳略釋》講義

正修持，因此，本論所講的主要是世俗菩提心。

從今天起，我們就開始講世俗菩提心。世俗菩提心對每一個人來說，不但可以修，而且也能於現在的相續中生起。當然，如果你不修，想生起菩提心是很困難的，但如果修的話，那也不是一件什麼難事。所以，昨天我再三祈請大家務必要修菩提心，否則，所作的善法不可能成為真正的功德之源。

在大乘修行中，不具菩提心的境界或智慧沒有多大意義。如果不具備菩提心，即使證悟了空性，斷除了輪迴，那也只是小乘阿羅漢而已，根本算不上是大乘修行人；或者，即便擁有各種神變，禪定功夫非常深厚，照樣也是不值一提。以前有一位貢巴瓦格西，自詡禪定功夫極高，說他可以入定很長時間，即使有人在旁邊敲鑼打鼓，對他也沒有絲毫影響。仲敦巴格西得知後，說道：「這並非什麼了不起的境界，不具菩提心的禪定，充其量不過是轉生無色界的因罷了。」

第二節課

同樣，修密法若不具菩提心，照樣也無法成就。以前有位修行人，一生專修密集金剛，最終卻獲得了預流果。為什麼修無上密法，卻只得了個小乘初果呢？原因是他只有出離心，而沒有菩提心。儘管他的起點很高，但由於發心太小，所以沒有機會成就密法。如同一棵大樹，假如沒有樹根，就不能生出枝葉花果，同樣，修行人如果沒有菩提心的樹根，大乘功德的枝葉花果便無從生起。

那麼，菩提心怎樣才能於相續中生起呢？首先，應認認真真聞思大乘的有關論典，懂得菩提心的本義，以及它的本體、分類、於相續中生起的界限、生起後所獲得的功德，一個一個必須搞清楚。理解後，就應該去認真修持。如果肯這樣做，那麼，菩提心自然會在相續中真實生起。當然，如果沒有修的話，菩提心也不可能無緣無故掉進你的相續中。

無論是坐禪、念佛，還是修無上密法，如果沒有以菩提心攝持，這種善法的功德並不會很大。比如，一個人以菩提心攝持，供養或布施一百元錢，他所獲的功德，乃至菩提果之間都不會耗盡；而另一個人以自私自利的心，供養或布施一百萬，獲得的功德就不及前者，因為他沒有饒益眾生的發心，所作所為只是為了個人發財，或博取別人讚歎等等。另外，有些人不但沒有菩提心，反以染污心去行一些善法，這樣做不僅沒有功德，而且會成為造罪之因。因此，表面上的善法，我們看不出功德大小，其大小唯以發心來衡量。

無論在家人或出家人，如果相續中具有菩提心，那他就是非常了不起的。倘若不具足菩提心，縱然他坐在高高的法座上，攝受成千上萬的眷屬，或者每天做一些不可思議的善法，從表面上看來功德很大，但實際上卻並非如此。不具菩提心的人，即便擁有很高的地位、名聲，以及在人們心目中的威望，也只不過跟世間大官員

一樣，對眾生今生來世的利樂起不到什麼作用。相反，具有菩提心的人，無論他到哪個城市、鄉鎮，或者誰的家裡，都會給這個地方帶來祥和與安樂，所有的人、非人、邪魔外道會對他畢恭畢敬，一切所作所為直接或間接都會成為饒益眾生的因。還有一些外表看來平凡、內心卻具足菩提心的人，暫時雖然沒有被人們發現，也沒有得到應有的恭敬，但他確是真正的如意寶，眾生凡與之接觸，均會獲得巨大利益。所以，菩提心在相續中生起，是不分種姓、不分男女、不分貧賤高貴的，無論是什麼樣的人，只要肯實際修持，相續中都可以生起這種菩提心。

我們應想盡一切辦法，令自相續中生起菩提心，如果已經生起來了，還要具足令它永不失壞的堅定誓言。在修行中，再沒有比這更重要的事了！

在座的道友中有些是修行非常好的，也有一些是初學者，但不管你們修什麼法，都應像阿底峽尊者所說的那樣，最根本的就是先發菩提心。當然，菩提心也並不是口頭上說說，而是應發自內心地對一切眾生真正生起悲憫，並使這種心乃至菩提果之間永不捨棄，這種人方堪稱為名副其實的大乘菩薩。

宗喀巴大師曾說：「人不是大乘，法是大乘又有什麼用呢？」我們的佛法雖然是大圓滿、大手印，但我們的根性太低劣了，整天想的都是我的解脫、我的平安、

第二節課

我的快樂、我的家庭、我的利益……一切的一切都是自私自利的念頭，這樣的話，則根本算不上是大乘修行人，密宗大圓滿的行人就更不用說了。

所以，我們首先應觀察相續具不具足菩提心，如果不具足，應想盡一切辦法令它具足。當然，這並非一天兩天、一個月兩個月、一年兩年的事情，而是需要長期不懈的努力，菩提心畢竟是有為法，依靠這種努力，最後它一定會在相續中生起，進而繼續串習，使它穩固、增上。這樣的菩提心，對自他的暫時和究竟，乃至生生世世，都有不可思議的利益。

今天，我給大家提示了一下菩提心的重要性，當然，有關菩提心方面，還有其他很多教言，鑒於時間的關係，我在這裡就不多講了。下面開始步入正文。

乙二、（修持世俗菩提心）分二：一、入定；二、出定。

丙一、（入定）：

【雜修二取捨】

其他教言書中，在修菩提心之前，先要修七支供、上師瑜伽等加行，但這裡直接講的就是入定。

「雜修」也叫輪番修；「二取捨」是把自己的快樂幸福捨給其他眾生，眾生的痛苦由自己取受，取和捨這二者通過輪番的方式修持。

《〈修心七要〉耳傳略釋》講義

當然，這種自他交換的修法，說起來比較簡單，真正做起來卻有些困難。若能先修自他平等，然後再修自他相換，就會稍微容易一些。

【這是極其重要的（修法）。因為大阿闍黎寂天菩薩也說過：「若人欲速疾，救護自與他，當修自他換，勝妙祕密訣。」「若不以自樂，真實換他苦，非僅不成佛，生死亦無樂。」「故為止自害，及滅他痛苦，捨自盡施他，愛他如愛己。」】

這種自他交換的修法極為重要。寂天菩薩在《入行論·靜慮品》中也講：「如果有人想在很快時間內獲得成就，救護自己和他人從輪迴苦海中解脫，最為勝妙祕密的竅訣，就是修自他相換菩提心。」這是寂天菩薩賜予我們的殊勝竅訣，請大家一定要牢記於心。經常有人說：「上師，請您給我傳一個竅訣吧！」其實，真正的竅訣就在這裡，就是你把自己的快樂施給他人，他人的痛苦由自己代受。當然，無始以來，由於串習自我愛執的時間比較長，我們剛開始觀修的時候，會有很多自私的分別念，行持起來會感到力不從心，但如果能經常這樣觀修，熟能生巧以後，也就並不困難了。

寂天菩薩繼續教導我們：「如果不能以自身的安樂，去替換別人的痛苦，那麼別說是成佛，即使獲得人天的快樂，也幾乎是不可能的。」「所以，為了制止我執造成的種種損害，為了滅除有情眾生的種種痛苦，我應當將自己完全施捨給他人，愛護眾生如同愛護自己一

樣。」這三頌主要體現了自他交換的重要性，廣釋可參閱《入行論．靜慮品》。

下面，具體講解自他交換的修法：

這裡依照的是阿底峽尊者的教言：1）知母：了知一切眾生皆做過自己的母親；2）念恩：當她們做我母親時，對我的恩德極大；3）報恩：了知母親的恩德後，應想盡一切辦法報答恩德；4）悲心：在報恩的過程中，願這些老母有情遠離痛苦；5）慈心：願她們獲得暫時和究竟的一切安樂；6）勝解信：使她們離苦得樂的任務，一定要由我來承擔；7）生起：如此認真觀修後，菩提心便會在相續中生起。

這就是噶當派修菩提心的七大教言。

無論你修顯宗，還是修密宗，菩提心的教言都必不可少，所以，我們有時間的時候，應該好好修持菩提心。這一點也沒什麼修不來的，關鍵是很多人都不去修，認為這個不重要，而想追求一種更高的境界。然而，更高的境界如果沒有菩提心作基礎，是根本無法生起來的。

《釋量論》中有句話：「能立由大悲。」意思是說，釋迦牟尼佛成佛的唯一理由就是大悲心，這是佛陀最突出的特點。可是有人卻認為，具有神通、能看見遠方的東西，才是非常了不起。針對這種人的觀點，《釋量論》又作了駁斥：「如果你認為能看見遠方的東西就

《〈修心七要〉耳傳略釋》講義

很了不起，那你應該依止吃屍體的禿鷲，因為牠也可以看見幾千由旬以外的東西。」所以，神通神變並不重要，重要的是相續中真實具有自他相換的菩提心，要想具有這種菩提心，首先應修大悲心，沒有大悲心的話，生起菩提心是很困難的。

那麼，菩提心該如何修呢？下面將作具體的介紹。

【（具體修法如下：）

首先明觀自己現世的母親，並思維：自我住胎以來，正因為母親無微不至的撫育，才使我能夠值遇佛法並修持勝道，所以恩重如山；】

因為我們對今世的母親比較熟悉，觀修起來也比較容易，所以首先應以今世的母親為對境。明觀後，應這樣思維：母親對我的恩德非常大，她賜予我生命、身體、財產，以及世間學問等等。自我住胎時起，母親就一直無微不至地撫育我，出生以後，好吃的東西、好用的東西都留給我，含辛茹苦地撫育我成人，如今才有了值遇佛法、修持勝道的機會。所以，母親對我的恩德簡直無以言表。

另一方面，僅知道今世的母親是不夠的，還應知道輪迴中的所有眾生皆曾做過自己的母親，進而將這種觀想慢慢擴及每一個眾生，這就是知母的境界。

【不僅僅是今世，從輪迴的無始以來，母親一直以慈愛之眼觀

照著我，以慈悲之心關懷著我，使我能從各種危害中得到解救，並賜予我數不勝數的利樂，所以恩深似海。】

不僅她今世是我的母親，從無始以來，還曾多次做過我的母親。每一次，她都像今世一樣，慈愛關心我，賜予我安樂。

這是第二點——憶念恩德。

【母親就是這樣一而再，再而三地為了我的利益而奔忙，承受了輪迴世間的種種痛苦……從而生起不可堪忍的大悲心。】

現實生活中也可以看得出來，世間的父母真的很可憐，他們為了孩子去打工、為了孩子整天操心、為了孩子造作無數惡業……以致沉溺在輪迴當中，無法解脫。

【然後繼續觀想：如今，為了報答這些恩情，我也應當為母親施利除害。】

前面我們講了知母、念恩，此處是第三個問題——報恩。

修菩提心時，一定要發願：「度化所有的老母有情離苦得樂！」但由於我們現在的心比較狹隘，以所有眾生為對境，觀修起來還很困難，故先應以今世的母親為對境，了知這是我的母親，她對我有很大恩德，我一定要報答她的恩德。如此一來，知母、念恩、報恩的境界就很容易出現了。

下面講大悲心和大慈心。

【究竟什麼事情會對她構成傷害呢？苦諦和集諦會對她構成傷害，苦諦是直接的傷害，而集諦又是間接的傷害。從而觀想由自己來領受這兩種傷害：即觀想母親相續中存在的所有苦諦集諦徹底產生於自己的心相續。並在如願後，生起非同尋常的愉悅之情；】

母親現在非常可憐，我應發大悲心拔濟她。在整個世界上，對她最能構成危害的是什麼呢？就是苦諦與集諦。苦諦能直接對她構成傷害，以致在輪迴當中，使她因此而感受了無量痛苦；所謂的集諦，是指她相續中的貪心、嗔心等各種煩惱，以及由煩惱而引生的各種業，雖然從現在來講，這些還不能對她們構成明顯的傷害；但間接來講，在未來的時候，她們一定會因此而感受很大的傷害。

這裡的修法，還沒有涉及其他眾生，只是觀想自己現在的母親。應觀想她相續中的苦諦、集諦於自己相續中生起，當母親遠離了一切痛苦後，自己心中情不自禁地生起喜悅之情。這就是大悲心的修法。

有些人認為：修大悲心很容易，我的相續中應該也有吧。但以噶當派的教言衡量，大悲心在相續中生起，並不是那麼簡單。噶當派中曾有這樣一個比喻：自己的母親雙目失明、精神失常、年邁體衰、生活不能自理、無依無靠，且正處於非常危險的懸崖邊，馬上就有可能

掉下去，在這種情況下，我們會熟視無睹、聽之任之嗎？不，稍有良知的人肯定會什麼事都不想，放下一切去救她。同樣的道理，我們見到任何一個眾生，都應像見到自己的老母親快要墜入懸崖了一樣，不顧一切想要救她，這種心情，一定要在自相續中真正生起，因為這些老母有情沒有智慧的雙目，沒有善知識的引導，在危險的輪迴懸崖邊，隨時都有可能掉下去，如果我不去救，那誰去救呢？倘若我們看見任何一個眾生，都會想到這一點，這說明你的大悲心已經在相續中生起來了。

很多人認為：「我的大悲心肯定是有，因為當我看到別人殺犛牛或其他眾生時，就會生起很強烈的悲心。」但事實並非如此，因為不要說我們，就算非常野蠻的眾生，也會於一些偶然的機會中，相續生起如閃電般剎那的悲心，但這並不是大乘所講的大悲心。真正的大悲心是怎樣的呢？應像以前的阿底峽尊者那樣，尊者每當看到一個旁生時，他都會說：「我的母親！我的母親！」從而想盡辦法饒益牠們。當然，很多人對自己的親朋好友會生起悲心，可是，見到跟自己不相干的人或仇人，即使他們特別痛苦，自己也是無所謂的，反而認為「這又不是我的親人，跟我有什麼關係」。那麼，這種人的相續中有沒有悲心呢？答案是否定的。

所以，我們不要輕易認為自己相續中已經有了大悲心，或者完全具足了菩提心，其實這是相當困難的，如

果真的有了大悲心，那就有了成佛的種子。月稱論師在
《入中論》中講：大悲心對於成就佛果來說，初、中、
後都特別重要。首先，要有大悲心，才能引發菩提心的
種子；中間行菩薩道時，要有大悲水的滋潤，菩提種子
才不會枯萎，且日日增長；最後成就佛果時，要由大悲
心示現報化身，才能讓眾生獲得真實受用。大悲心重要
的原因，就在於此！

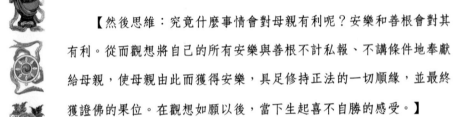

【然後思維：究竟什麼事情會對母親有利呢？安樂和善根會對其
有利。從而觀想將自己的所有安樂與善根不計私報、不講條件地奉獻
給母親，使母親由此而獲得安樂，具足修持正法的一切順緣，並最終
獲證佛的果位。在觀想如願以後，當下生起喜不自勝的感受。】

　　此處講的是大慈心，即自己將一切的安樂、善根，
無條件地獻給母親，只求她獲得暫時的人天安樂，以及
究竟的圓滿佛果。只要母親能快樂，自己心甘情願在輪
迴中飽受痛苦。

　　生起慈心的界限是怎樣的呢？就像一位母親只有一
個兒子，為了他，母親經常會想「他冷不冷？餓不餓？
有沒有生病？……」將愛都傾注在了兒子身上，除此以
外，任何其他事情都不重要。同樣，我們若能對一切眾
生，像母親關懷獨子一樣無微不至，這就表明慈心已在
相續中生起來了。

　　話雖如此簡單，然無始以來，我們的心一直被自私

自利所障蔽，現在突然要轉變過來，除了高僧大德和善根成熟的人以外，對一般人來說是非常困難的。我們看到關係好的人，偶爾會想一下「讓他們快樂，讓他們幸福」，但要在相續中生起大乘的慈無量心，並非如想像得那麼容易。因此，大家一定要把這個教言牢記心間，反覆串習。

【然後，又對父親等（其他眾生）進行同樣的觀修。】

當以母親為對境觀想純熟後，我們進而對父親作同樣的觀想，然後是自己的親朋好友，這些都是我們喜愛的對境；

接著，以同樣的方法，觀想那些無利無害的對境，如地獄中的可憐眾生、屠夫妓女等劣種姓者；

最後，觀想怨敵、魔障等厭憎的對境，繼續對他們修慈無量心和悲無量心。

直至看到每一個眾生，都覺得他和自己今生的母親沒有差別，這時，說明我們相續中的菩提心已經很不錯了。

看看這些教言，對照一下自己的相續，不禁會令很多修行人汗顏。雖然我們自稱是「密宗行人」、「大乘佛子」，但別說是密法，就連大乘最基本的自他交換、觀一切眾生為父母，也沒有真正生起，這種自欺欺人的稱呼，實在令人慚愧！

【最後對所有眾生進行觀修：包括一切眾生都是這樣，從無始

以來，他們都曾做過我的父母，給過我無邊無量的利益，所以恩德深重。然而，這些往昔的恩人卻在蒙受著輪迴世間難以羅列的種種痛苦的折磨。如果能讓他們遠離這些痛苦該多麼好啊！並由此而生起猛厲的大悲心。】

　　這是七大教言中的「勝解信」，即輪迴苦海中的無量眾生，發願要由我來度化。雖然現在的我也處於輪迴之中，沒有把握救度他們，但不管怎樣，我已發下了這個堅定誓願，從今以後，就一定會朝這個方向努力。堪布阿瓊在《菩提心修法引導》中說，要想達到這個目的，需要具備四個條件：希求心、發願（度化眾生）、發誓（自己如何行持）、祈禱上師三寶的加持。

　　也許有人會想：「我哪有這麼大的力量，利益這麼多可憐眾生？」其實，菩提心的力量是非常強大的，只要擁有了菩提心，即使今生之中無法達成所願，依靠菩提心的力量，我們下一世還可以繼續，乃至生生世世都不退轉。

　　既然我們已發了大乘菩提心，從今以後，就要將自己的事情拋之腦後，一切所作所為都是為了利益有情。儘管如此，還應知道，對眾生的幫助並非僅限於給一點吃的、一點穿的，或建一個學校、一所醫院。雖然這也是菩薩的一種善行，但真正能利益眾生的，並不是這些短暫的利益，而是令他們永脫輪迴苦海，獲得圓滿正等覺的果位。

　　以上發心，就是初步的菩提心。既然目標已經明確

了，只要堅定不移地朝著這個方向前進，我相信終有一天，大家一定能夠達到目的地。

【然後觀想將他們的一切痛苦融入自己，將自己的身體受用以及三世善根給予他們，從而使他們獲得快樂、增上善根。並進一步意識到：如果這一切能夠如願，就是令人樂不可支的大好事。】

通過觀想，解除眾生的痛苦，給予他們安樂，這就是每個大乘修行人應該具備的發心。若能以此菩提心為前提，不管修任何法門，自己的修行必定會成功。

但如今大多數的修行人，相續中並沒有菩提心的攝持，成天想的都是「我的病怎麼還不好」、「我能永遠快樂該多好」、「生意如果順利就太棒了」……尤其是大城市的佛教徒，學佛百分之九十都出於自私自利的發心，如果這種自私自利以出離心來攝持還不錯，倘若連出離心也沒有，只是為了眼前短暫的利益，我們就應想辦法糾正他們的發心，因為做任何善法，倘若沒有以出離心來攝持，最多只不過是人天福報而已。

【為了自他交換的念頭能夠輕而易舉地生起，（而於頌詞云：）】

【彼二乘風息】

自他二者的苦樂相換，依靠我們的風息——呼氣、吸氣進行修持。

《〈修心七要〉耳傳略釋》講義

【當呼氣的時候，觀想伴隨著呼出的氣流，而將自己的所有安樂以及善根都施予他眾；當吸氣的時候，又觀想將他眾的一切痛苦產生於自己（的相續）。】

呼氣時，觀想自己的快樂、善根、健康、福報等變成白氣，伴隨著呼出的氣流，融入眾生的體內，令他們獲得圓滿的安樂；

吸氣時，觀想眾生相續中所有的痛苦、煩惱、魔障、傳染病、艾滋病、非典等等，變成黑氣融入自己的身體，由我來代受這世間的一切不平安與痛苦。

修大乘菩薩道的行人，當看到別人罹患傳染病時，根本不會想「我要離他遠一點，千萬不要被傳染上」，而是想「讓我來代受他的痛苦吧，只要能讓他快樂，我情願這種傳染病伴隨我一生」。由此可見，大乘的修法與世間人的思維截然不同。

以上講的是入定境界，雖然只有兩句頌詞，但意義卻非常深遠。儘管我們聽一兩堂課，修一年兩年，菩提心不會那麼快就生起，但若依止大乘善知識，經常聞思大乘論典，數十年如一日地反覆串習，當對「我」的執著日漸減少時，這種菩提心就會在相續中產生。那時，你看到眾生受苦，必定會奮不顧身地幫助他、保護他；即使別人無端打你、罵你、誹謗你，你也會欣然接受、甘之如飴。

下面繼續講出定的境界。

丙二、（出定）：

【三境毒善根】

「三境毒善根」表示三境、三毒、三善根。意思是說，依靠三種外境，可引發眾生的貪嗔癡三毒，通過修自他交換，以令眾生遠離三毒，自然成就三種善根。

【既然依靠悅意、厭憎以及中庸的三種外境，就可以產生貪愛、嗔恨以及愚癡的三種心念，那麼像我一樣，依靠三種外境而產生（貪嗔癡）三毒的眾生也必然是不勝枚舉的。】

大家都知道，貪嗔癡三毒是依靠不同外境而產生的。比如，悅意的外境可以引生貪心，厭憎的外境可以引生嗔心，中庸的外境可以引生癡心。

當我們依靠外境生起貪嗔癡時，按小乘的觀點，應該立即進行對治，想方設法把它斷除，如生貪心時馬上修不淨觀等等。但是，大乘卻是將三毒煩惱轉為菩提道用，如何轉呢？

【從而進一步觀想：將他們的所有三毒都集中於自己的相續，並祝願他們能具備遠離貪嗔癡（三毒）的三善。】

面對同樣的煩惱，不同的人有不同的態度：比如生貪心時，世間未學過宗派的人，會覺得無所謂，也許還想繼

續增加；小乘修行人極度害怕，想盡一切辦法加以對治；真正的大乘行人，不但不會害怕，反而會非常高興。

為什麼呢？因為大乘行人可以將這種煩惱轉為道用。《三戒論》中講：小乘是斷除煩惱，而菩薩乘則是轉變煩惱。怎麼轉變呢？依靠大乘的方便攝持，將原來損害眾生的煩惱，統統轉變為菩提道的資糧。也就是說，當我們生起貪嗔時，立即修持自他交換，心中默默作念：「貪心、嗔心，既然你們已經生起來了，那就多多地產生吧，希望所有眾生的貪嗔之心，全都能聚集到我的相續中，通過我生貪嗔，來代替所有的眾生生貪嗔，願他們永遠擺脫三毒的迫害。」如此觀修，貪嗔的本體就會轉變成智慧，這樣對大乘菩薩來說，三毒煩惱不僅不會令他墮入惡趣，反而成為了菩提之因。這就是大乘的殊勝所在！

【為促憶念彼諸威儀持頌】

為了督促自己念念不忘這種菩提心，我們應在一切威儀中，反覆持頌：「但願眾生所有的痛苦由我代受，而我所有的快樂由眾生享用。」龍樹菩薩的《寶鬘論》中有類似的詞句，格西朗日塘巴的《修心八頌》中也說：「虧損失敗我取受，利益勝利奉獻他。」

為了提醒自己，我們應常常念誦這些詞句，貶低自己、抬高眾生。串習純熟後，當我們無故遭受他人的輕

賤、譏毀、謗時，不但不會大發雷霆，跟別人爭得面紅耳赤，反而會如飲春風、高興萬分。

【以猛厲的希求心誠摯地念誦：「但願眾生的一切罪業與痛苦成熟於自己的相續，自己的一切安樂與善根成熟於眾生的相續！」】

無論行住坐臥，我們都應時刻觀想：「願眾生的痛苦由我來代受，我的安樂幸福奉獻給眾生。」哪怕是出門逛街，心中也不離此正念。如此一來，相續中的我執就會逐漸減輕，以致最終蕩然無存。

【為了使自己能夠領受他眾的痛苦，（而如頌詞所云：）】

【取次從自起】

頌詞的意思是，取受痛苦的次第應從自己做起。在下面無著菩薩的注釋中，意思不是非常明確，以前貢智仁波切造過一個《講義》，對頌詞的字面意思就解釋得非常清楚。

在修行方面，噶當派有許多殊勝的竅訣，令我們可以漸次改掉惡習。比如訓練布施時，如果自己的慳吝心太重，不能心甘情願地將東西施給別人，那麼，我們可先將自己左手的東西送給右手，再把右手的東西送給左手，如此反覆練習，直至自己的捨心生起。

同樣，倘若一開始修行，就把他人的痛苦全部由自己代受，這種發心很難做到。但我們可以自己為起點，慢慢訓練，比如發願自己來世的痛苦由今生代受，晚年的痛苦由年輕時代受，明年的痛苦由今年代受，明天的痛苦讓今天代受……先以自己為對境，這樣就比較容易放下執著了。然後漸漸擴至父母、兄弟、朋友，乃至怨敵。由此，依靠自己打破對自己的執著，菩提心的生起就易如反掌了。

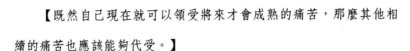

【既然自己現在就可以領受將來才會成熟的痛苦，那麼其他相續的痛苦也應該能夠代受。】

既然我願意代受未來的痛苦，那麼，未來的我與其他眾生都是一樣的痛苦，二者並無多大差別，我又為何不能代他們受苦呢？通過這樣的反覆思維，逐漸將自己願代眾生受苦的心擴大，菩提心便很容易增上了。

以上是《〈修心七要〉耳傳略釋》的第二個竅訣。

甲三、（惡緣轉為菩提道用）：

【罪滿情器時惡緣成覺道】

現在講第三個竅訣——惡緣轉為菩提道用。

如今的器情世界遍滿了罪業，在如此惡劣的環境中，我們更應該把所有的惡緣轉為菩提道用。

【惡業的果報，就是導致器世界圓滿的逐漸消退，以及有情世

界逐步淪落為野蠻惡劣的眾生等等。當痛苦層出不窮之際，也就是轉（惡緣）為菩提道用的良機。】

由於眾生所造的惡業越來越多，以致外器世界的福報逐漸消退，食物的營養無法與以往相比，自然災害一年比一年嚴重。同樣，有情世界也是如此，眾生的煩惱日益深重，根性也越來越野蠻、越來越惡劣。

當內外痛苦層出不窮之際，作為修行人，我們不能在這些違緣面前屈服讓步，讓它們成為「傷害」菩提的因，而應依靠種種方便修法，令其轉變為「成就」菩提的因。

如何轉變呢？下面接著講「將惡緣轉為菩提道用」的具體修法。

此科判分二：一、將惡緣轉為菩提道用的思維；二、將惡緣轉為菩提道用的行為。

乙一、（將惡緣轉為菩提道用的思維）分二：一、以世俗菩提心將惡緣轉為菩提道用；二、以勝義菩提心將惡緣轉為菩提道用。

丙一、（以世俗菩提心將惡緣轉為菩提道用）：

【一切痛苦的產生，都是緣於自己往昔不了知我執就是仇敵，而眾生就是恩人的道理。所以，在此處為了宣說一切痛苦都是我執的過錯，（而於頌詞云：）】

實際上，一切痛苦的來源就是我執。然而，人們卻

不知道：「我」才是痛苦的罪魁禍首，是自己真正的仇人；而其他眾生，正是幫助我們斷除「我」的大恩人。

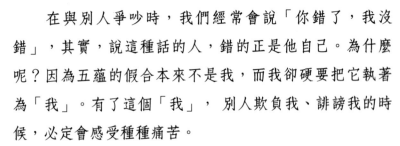

【報應皆歸一】

頌詞的意思是，一切的報應皆應歸罪於我執。

在與別人爭吵時，我們經常會說「你錯了，我沒錯」，其實，說這種話的人，錯的正是他自己。為什麼呢？因為五蘊的假合本來不是我，而我卻硬要把它執著為「我」。有了這個「我」，別人欺負我、誹謗我的時候，必定會感受種種痛苦。

有些人反駁：「他打了我，當然是他的錯。如果他不打我，我怎麼會痛呢？」話雖如此，但正是因為你有一個「我」，才有可能感受痛，假如沒有這個「我」，那即使一千個敵人拿著各種武器來砍殺這個肉身，對你來說也不會有絲毫影響。因此，所有的痛苦，都是「我執」惹的禍！

【無論在自己身上出現的何等痛苦，都是因為自己將自己執為我而導致的，所以不能怪罪於他眾。正如《入行論》所云：「世間諸災害，怖畏及眾苦，悉由我執生，此魔我何用？」】

世間一切的災害、恐怖、畏懼，都是從我執而產生的，這個使我長陷輪迴、無法解脫的大魔，留著它還有什麼用呢？所以，世間最可怕的魔就是我執。

【從無始以來，我們一直將無我執為我，然後為了珍愛憐惜這個我，而不擇手段地作出殘害他眾等等（的行為），從而積攢了罄竹難書的惡業，並由此而出現了輪迴世間包括惡趣等等在內的痛苦。所以，在《入行論》中一針見血地說道：「汝雖欲自利，然經無數劫，遍歷大劬勞，執我唯增苦。」】

為了追求自利，雖然經歷了無量劫的努力，但也都是徒勞無益，因為只要有了我執，就必定會增加痛苦。

依此道理，噶當派制定了一個教言：做任何事情，如果有錯，必定是「我」的錯，一切過失由「我」領受，怎樣也怪不到別人頭上。即使「我」被無端冤枉了，也不要給「我」一個解釋的機會，因為真正的修法根本用不上這些世間的勝負錯對。

【由此可見，一切痛苦的源泉就是我執，我們應當將我執視為眼中釘、肉中刺。】

第三節課

（2005年7月8日晚上9時）

　　前兩堂課，已經講了修加行、正行的一些問題，現在講的是第三個竅訣「惡緣轉為菩提道用」。這一部分主要分兩個方面：惡緣轉為菩提道用的發心，惡緣轉為菩提道用的行為。其中的發心，又可分世俗菩提心和勝義菩提心。今天繼續講「以世俗菩提心將惡緣轉為菩提道用」。

　　我們發了菩提心後，在修行過程中肯定會遇到各種違緣，遇到這些違緣時，應該怎樣應付呢？通過世俗菩提心將其轉為道用。昨天講到了「報應皆歸一」，就是說當我們遇到違緣時，不要自艾自憐、怨天尤人，應把這些報應全都歸罪於「我執」的頭上，知道它是一切的禍害之源。這個問題，昨天只講了一部分，今天我們接著講：

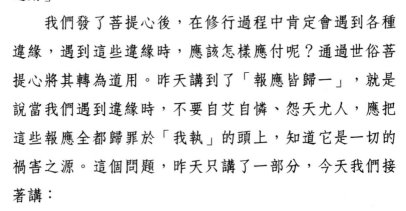

【以將無我執為我的念頭，就能產生從輪迴無始以來直至現在的所有痛苦——對超越自己的眾生百般嫉妒，對不如自己的眾生蔑視欺凌，對與己相當的眾生又總想一試高低。因為我執這個罪魁禍首，就產生了這一切的念頭，使自己深陷生死輪迴而不得解脫，並遭受人與非人的損害摧殘等等。而這一切痛苦，都是因為我執在作怪。】

按照中觀的推理，無論是人我還是法我都不可能存在，然而眾生無始以來由於無明的遮蔽，把無我執著為有我，從過去一直到現在，在輪迴中感受了各種各樣的痛苦。什麼樣的痛苦呢？「對超越自己的眾生百般嫉妒，對不如自己的眾生蔑視欺凌，對與己相當的眾生又總想一試高低」，這些就是產生痛苦的因。從我們平時的心態中也可以看得出來，某個人的智慧、財富、名聲、地位等超越了我，我就會對他產生難以堪忍的嫉妒；某個人的名聲、財富等不如我，我就會看不起他，甚至還欺負他、踐踏他；某人在各個方面與我旗鼓相當，我就總想與他一試高下，看看到底誰更厲害。

這些念頭是什麼原因導致的呢？「因為我執這個罪魁禍首。」假如沒有將五蘊聚合執著為我，這些痛苦就不可能無因而生，正是由於有了我執，才使眾生深陷輪迴無法自拔，並且還要感受人的爭鬥或非人侵擾等損害。現實生活中，有些人生活受用極其美滿、令人垂涎，但若深入他們的內心世界，就會發現不管是誰，每個人心中都充滿著各種苦楚，這些痛苦到底是因為什麼呢？究其根源，就是我執在作怪。

為了鏟除這個痛苦之根，《修心七要》教給我們一個行之有效的殊勝竅訣——修菩提心。依噶當派和寧瑪巴的傳統，每次在修菩提心之前，不僅要先修上師瑜伽，還要修一些積累資糧、懺除罪障的方法。具體來

《〈修心七要〉耳傳略釋》講義

說，無論早上還是晚上，在修行的時候，首先應在佛前供養曼荼羅或水燈香等以積累資糧，然後一邊持誦百字明、金剛薩埵心咒等，一邊觀想依靠猛厲的四對治力，將自己無始以來所造的罪障，全在佛菩薩面前一一懺悔來加以清淨。在前行中，祈禱上師、懺除罪障、積累資糧是必不可少的，這三者可以涵攝「七支供」的一切功德。所謂「七支供」，即指頂禮、供養、懺悔、隨喜、請轉法輪、請佛住世、迴向這七支，它是顯宗積資淨障的無上方便，在密宗同樣也奉若圭臬，無垢光尊者曾在《大圓滿心性休息》中讚言：「以此前行淨相續，明現正行之勝心。此福德果無有量，遍布法界虛空界。」意思是說，通過先修七支供，可以淨除障礙生起菩提心的種種垢染，積累起廣大如虛空的無量福德。

有關菩提心的教言，不僅應牢記於心，而且還要將其付諸於實際。如果大家每天都能修一次，那當然是最好的，但若沒有這個能力，也應該盡量隔一天修一次。尤其是在家居士，長期修行的機會不一定會有，但只要有時間、有能力，就要想盡一切辦法，於短暫的今生中令自相續生起菩提心。而要想生起菩提心，一方面需要對大乘教義聞思修行，另一方面，也應像我剛才所說的那樣，在每次修菩提心前，先修一下上師瑜伽、懺除罪障、積累資糧等前行。否則，倘若缺少了這些環節，即使你每天非常精進地觀修，菩提心也不一定能生得起來。

還有，昨天講的呼吸修法，這裡需要補充一點：呼氣時，要觀想自己的快樂等變成月光般的白氣，從鼻孔呼出融入一切眾生；吸氣時，觀想眾生的痛苦、障礙、疾病等全都變成黑氣，從鼻孔吸入身體，融入心間的「我」。本來，心是一種無形法，不可能真正存在一個「我」，但是依靠這種觀修方法，把他人的痛苦融到「我」的身上，實則為引發「我」的一種最好方法。以前你從不知道「我」是什麼樣子，傳染病在別人身上時，「我」根本無動於衷，然而，一旦傳染病落到自己頭上，「我」就開始恐懼害怕了，這時所謂的「我」就很明顯地跳出來了。一直認為自己修行不錯的人，通過這個實驗，也可以看看你們的「我」到底斷除了沒有。以前，法王如意寶在講古薩里斷法時，有些瑜伽士認為自己的「我」已經沒有了，於是故意到尸陀林中搞破壞，到一些神山挖地，或在非常嚴厲的對境前做種種損害。這些過分的行為，引起了非人或護法神的極度不悅，以致天空會突然出現打雷、下冰雹等異常，見此情景，他們心驚肉跳，心想：「哎呀哎呀，這次我肯定完蛋了！」這時，他們的「我」就原形畢露了。

所以，不管你學顯宗還是密法，都應觀察這個「我」到底還存不存在，如果不存在的話，即使別人的傳染病全都轉移到你身上，你也會甘願代受、毫無怨言。然而現實生活中，我與一些居士交談時，經常可以

明顯地感覺到這個「我」非常活躍：他們張口閉口離不開「我」，每句話的重點也都是「我」——「願我身上的病全部到別人身上」、「阿彌陀佛，讓我身體健康、讓我快樂、讓我發財、讓我……」，除了「我」以外，「願眾生快樂」的話一句也沒有，即便偶爾有一兩句，心裡也並不是真的這麼想。假如你試探性地問：「讓你快樂和讓眾生快樂，如果只能選一個，你會選擇哪一個？」他準保不假思索地回答：「眾生快不快樂，我可管不著，只要我自己能快樂就行。」這種人算是大乘修行人嗎？

第三節課

《修心七要》屬於實修法，我們剛開始修的時候，由於無始以來一直串習「我」為實有，所以根本接受不了讓「我」去感受世界上的一切疾病、痛苦，而讓別的眾生來代受「我」原本的所有快樂，因此在初修階段，經常有些人會產生一些畏怖退縮的心理。其實這種現象非常正常，畢竟每個人對這個「我」的愛執並非只是一朝一夕，所以自他交換需要一個過程，只要我們再三串習，當「我」的力量逐漸消失時，菩提心的境界才會真正現前。以往數不勝數的高僧大德，都依此菩提心而獲得了成就，作為後學者，生起菩提心也並非難如登天，只要你們肯修，無論任何人，最後都能獲得這個無上至寶的。

【《入行論》云：「如是汝屢屢，害我令久苦，今憶宿仇怨，摧汝自利心。」在我執苗頭出現之際，便應提高警惕，並及時提醒自己：「所謂的『我』，是在任何地方也不可能存在的，怎麼能執著於我呢？」從而在我執產生的當下，便將其拋棄於萌芽之間。】

此處以擬人的手法，揭露了我執的險惡面目：「我執啊，你三番五次地加害我，令我在輪迴中飽受了無量痛苦，現在我終於憶起了你對我造的種種傷害，從今以後我要與你不共戴天，依靠菩提心的力量，將你這個害人不淺的傢伙徹底摧毀！」

無論何時何地，我們只要發覺了「我執」敵人的蹤影，馬上就要高度警惕，趕緊提起正知正念：「所謂的我，在身體的上上下下、環境的裡裡外外，根本找不到一點一滴。既然我都不存在了，又有什麼可執著的？」依靠這把無我空慧的鋒利寶劍，在我執露頭的當下，立即將其一劍斃命、斬草除根。

【為了從今以後不再生起愛護自己的執著，就應當黽勉精進地修行。正如《入行論》所云：「昔時受汝制，今日吾已覺，無論至何處，悉摧汝驕慢。」無論出現任何損害，都是因為我執這個惡魔引起的，因此，我們應當努力地將其馴服。】

寂天菩薩繼續堅定我們對「我執」的仇恨立場：「我執啊，以前就是因為你的擺布，我才在輪迴中遭受了這麼多痛苦，如今我終於覺悟了，從此以後，無論何

《〈修心七要〉耳傳略釋》講義

時何地，我都與你奮戰到底，想方設法將你的驕慢（執五蘊為「我」的我慢）摧毀無餘！」

放眼周圍世界，大至國與國之間的戰亂紛爭，小至人與人之間的明爭暗鬥，無一不是由我執而起。如同大地是一切萬物生長之本一樣，我執是一切眾生的痛苦之源，眾生沉溺於輪迴，根本原因就是我執，如果沒有我執，我們早就證得圓滿菩提了，然而正是因為它的存在，我們至今仍在輪迴中不斷感受著各種痛苦。密勒日巴尊者及噶當派的諸多教言中都說：有人認為外面的魔非常可怕，但實際上，對於真正的修行人來說，最可怕的並不是外魔，而是自相續的我執魔王。

以前我們在學《智慧品》、《中論》等中觀論典時，很多人當時都明白了所謂的「我」根本不存在，但是事後若沒有經常串習，這種見解不一定能保持很長時間。同樣，我現在給你們傳授了殊勝的菩提心竅訣，在聽的時候，每個人可能都有強烈感觸「對對對，『我』的確不存在」、「為了一切眾生，我應該修菩提心」，但是一下課後，這種感覺就開始退溫了，不用兩三天，對大乘法串習不深的人基本上就全忘光了。所以，在座的道友啊，你們聞法以後一定要反覆思維、經常串習，這樣才能讓正法真正轉變我們的相續。

【夏沃瓦尊者云：「短暫之此生，當滅此惡魔。」並將具有謀

求自利心行的人稱為俗人，而將具有成辦他利心行的人稱為修行者。】

夏沃瓦尊者認為：人生一世不過百年，既然如此短暫，我們就必須要下定決心，利用此生此世，將這個害了自己生生世世的我執惡魔徹底消滅！為了達到這個目的，尊者還專門制定了一個標準，用來區別「俗人」與「修行人」。

那麼，什麼樣的人才是修行人呢？依照發心的不同，修行人可分大乘、小乘兩種，具有出離心的是小乘修行人，具有菩提心的是大乘修行人。由此可見，作為小乘修行人，相續中最起碼應具備出離心；而作為大乘修行人，則應具備利他的菩提心。倘若沒有出離心與利他之心，這種人就跟旁生沒有太大差別，依教言衡量，他們只不過是世間俗人，而根本稱不上是修行人。

所以，大家應該捫心自問：「我算不算是一個修行人？我一天所起的念頭中，多少是為了眾生的利益，多少是為了自己的事情？」有些人從早到晚想的都是自己：我以前怎麼樣，現在怎麼樣，未來又要怎麼樣……所有的念頭一直都是以「我」為中心，而從來沒有想過：以前我從未成辦過眾生的利益，現在我應該多為眾生做一些事情，哪怕對他們有一點點利益，我也在所不惜……

試問，你們有沒有過類似的念頭？如果沒有，就算

不上是一個修行人。

【奔貢甲格西在實際行動中，也是遵照這一點來進行取捨的。奔貢甲格西還生動形象地說道：「現在應當用對治的短矛瞄準心的城門進行把守，除此之外別無他事。如果它緊張，則我也緊張；如果它鬆懈，則我也鬆懈。」】

在實際行動中，奔貢甲格西也是遵照這一點進行取捨的，他還用了一個形象的比喻：就像為了防止敵人的進攻，護城者手持短矛瞄準城門，時刻嚴陣以待。敵人若有風吹草動，護城者就非常緊張；敵人如果按兵不動，護城者就可以稍事休息。同樣的道理，修行人也應時時手握對治我執的短矛，看守住菩提心的城門，防止我執大軍破門而入。如果我執活動得非常猖獗，成天的所作所為、所言所行都圍繞著「我」轉，對菩提心的城門已經構成了威脅，那麼我們就要毫不留情地用對治短矛將它碎屍萬段；如果我執的活動略有鬆懈，對「我」的執著也沒那麼厲害，此時我們就可以讓緊握短矛的手放鬆一下，不用那麼緊張。除此以外，修行人再也沒有其他的事可幹了。

平時大家也應經常以此教言，對治我執煩惱，保護自相續中的菩提心。如果幾天之內，自己的「我執」不是很猖狂，活動也不是很過分，言行舉止都在利益他眾，那麼對治的念頭就可以輕鬆一些；反之，如果我執

活動得特別強烈，不僅強烈，還要去做一些非法的事情，比如跟金剛道友吵架等等，我們就要帶上空性智慧刀、大悲菩提劍、大圓滿金剛矛等百般武器，直搗我執魔王的老巢，將它斃命於自私自利的溫床上。這就是修行人的任務。

【在將我執看成怨敵並予以捨棄方面，夏沃瓦尊者還說道：「對待魔鬼，就要用放逐魔鬼之法。」】

在對治我執這方面，夏沃瓦尊者還提醒道：「對待我執魔鬼，就要用放逐魔鬼的方法把它捨棄。」什麼是放逐魔鬼的方法呢？這裡指的是人無我、法無我等空性教言，或者噶當派修心法要中的菩提心修法。

【因此，為了能將我執視為敵人，並由此而對他眾產生關愛之情，（故於頌詞云：）】

【於眾修大恩】

前面講了，我們的痛苦煩惱都來源於我執；現在反過來說，一切的利益安樂皆依眾生所賜。

【總而言之，從無始以來，一切眾生都有為己父母的大恩大德。不僅過去世於己有恩，將來修持無上菩提，也需要依靠眾生。《入行論》云：「修法所依緣，有情等諸佛，敬佛不敬眾，豈有此道理？」】

眾生對我們恩德很大的原因一共有兩個，第一個昨

天也講了，一切眾生皆做過我們的父母。很多沒學過佛的人對此滿腹懷疑：「不可能吧，這麼多的眾生，怎麼都做過我的父母呢？」對於這一點，噶當派的大德在觀修時，也並非盲目地人云亦云，而是依靠各種教證理證，反覆辨析，才令自己深信不疑的。所以，對於「眾生皆為父母」這一點，我們若想真正生起信解，也必須要長期熏學大乘佛法，依靠教理再三推敲。

這裡講的是第二個原因：眾生不僅以前對我的恩德很大，而且未來我的成佛也完全依賴他們。因為要想成佛，必須先圓滿六波羅蜜多，而圓滿六波羅蜜多，就一定要有我修六波羅蜜多的對境。倘若沒有眾生，那我一個人對誰修布施？自己對自己布施是不可能的，我也不可能對石頭、木頭等無情物布施，所以，圓滿布施度，必須要依靠眾生。同樣，圓滿持戒度也需要眾生，圓滿安忍度還需要眾生……圓滿六度功德，沒有一個不需要眾生的，倘若沒有眾生，我一個人根本沒辦法成佛。所以，從助己成佛的角度來看，眾生與佛陀沒有任何差別。

然而，有些人不明白這個道理，他們一看到大活佛、大上師，就特別恭敬歡喜，賣東西的時候也不賣了，滿臉堆笑地迎上去：「啊，活佛，您老人家來了！快來這邊，快來這邊！」這時，如果剛好有個人來買東西，他就特別氣憤，橫眉冷對道：「沒見我現在正在接

待活佛嗎？去別處買，我現在沒空……」對這種「敬佛不敬眾」的人，寂天菩薩在《入行論》中呵斥道：簡直豈有此理！

【對於修習佛果的補特伽羅而言，佛陀與眾生的恩德是完全等同的，對於具有如此深恩的眾生，就應當在修習猛厲的慈心與悲心之後，將他們的痛苦由自己來領受，並將自己的安樂與善根施予他們。】

在了解了眾生的恩德之後，就應對他們生起強烈的慈心與悲心，迫切希望自己能為他們予一切樂、拔一切苦。當內心的這種境界逐漸成熟時，外在的行為就會自然體現出來。比如有兩個人坐班車，如果當時只有一個座位，那麼發了菩提心的人肯定會選擇自己站著，而將座位讓給別人；我們在買東西時，如果人特別多，發了菩提心的人就會默默地站在旁邊，而讓他人先買；如果買菜時看到有爛的蔬菜，發了菩提心的人也會自己買下來，而將新鮮的留給別人。總而言之，他一切的言行，都是為了讓眾生快樂。

【尤其在毀害自己的人或者非人出現的時候，就更應該觀修：從無始以來，這些傷害者都曾做過自己的母親。她們都曾在不顧痛苦與惡言的情況下，反反覆覆地利益過我，並由此而承受了輪迴世間無量無邊的種種痛苦。】

在順境中，我們保持對眾生的菩提心並不困難，但是如果在逆境中，比如有人故意陷害你，把別人的東西搶光後，大造謠言說是你搶的東西，令人對你蔑視唾、怒目相向；或者，有個非人成天不斷地加害你，使你重病纏身、苦不堪言，沒有機會聞思修行。這時，你會怎麼辦呢？

作為真正的大乘修行人，當這些違緣出現時，我們更應該觀修：無始以來，這個害我的眾生曾經做過我的慈母，為了我，她不顧一切惡言譏毀；為了我，她造了無數滔天惡業；為了我，她沉溺輪迴不得解脫。我所欠她的，生生世世都難以償還，而今，她只是對我造了這麼一點小危害，我又怎麼會跟她斤斤計較呢？

【只是因為迷惑的力量，才使她們忘卻了我們曾經互為親眷的真相，又由於我的惡業，才促使她們今天來傷害我，並因此而再造惡業。造作惡業的結果，又將使她們再次蒙受痛苦。由此可見，正是因為我，才使她們不但承受著今世的漫長痛苦，而且還要在未來繼續承受痛苦。通過這樣思維，從而生起強烈的大悲心。】

不要說久遠的前世，就算今生當中，母親若離開我二、三十年，我也不一定能記得她以前對我的種種慈愛。既然經歷了這麼久的輪迴，又加上無明毒藥的迷惑，這位老母親又怎麼會記得我們曾為親眷的真相呢？沒有機會接受佛法甘露的老母親啊，因為無明的覆蓋，

根本記不起我們以前曾經互為母子，然而由於我自己惡業的招感，促使她現在又來無端害我，繼而再造新業，又將感受未來的惡果。正是因為我，才使她不斷感受過去、現在，還有未來的痛苦……想到這些，相續中便會生起難以抑制的大悲心，淚水潸潸而下。

平時，我們若遇到惡魔、壞人來害自己，關鍵就是看自己能不能這樣觀想，倘若不能，則說明我們的菩提心修得非常不好。譬如我身患重痾、久病不愈，別人通過打卦占卜，知道是一個惡魔在故意作害，這時我該怎麼辦？身為修行人，必須要按上述的竅訣來觀修，如果不能這樣，反去修一個降伏咒害它，這說明菩提心在我的相續中一點一滴也沒有。相反，如果修成了咒語，依靠咒術的力量去傷害眾生，果報也是相當可怕的。

《文殊根本續》中有個公案就說到：一個叫那自扎的修行人，憑藉自己修成大威德的力量，殺害了很多眾生，最終悲慘地墮入了地獄。

這個公案說明了什麼？說明即使修成了大威德，如果不具足菩提心，那也只是墮入惡趣的因。我昨天講的公案中，那個人修成了密集金剛，結果卻獲得了預流果，後來一位大德得知了此事，感慨地說：「這已經非常不錯了。否則，按他的修法，一定會墮入地獄的。」因此，我們修行，一定要看自己的發心如何，如果一遇到惡魔，就想用咒語去把它咒死，這就不算是大乘修行人！

如今不懂佛法的人實在太多了，有時我到漢地的一些大城市，看到一些情景後，感覺會特別傷心。記得有一次，某地的居士們請我去放生，等我到的時候，看到他們把放生的魚、泥鰍放在岸邊，中間擺幾個大蘋果，上面插著幾支香，然後大概二十多個居士就不停地轉繞這些魚和泥鰍。那些居士中既有年輕的大學生，也有文化不高的老太太，他們把魚放在中間不停地轉繞，既不念佛，也不擺佛像，光是擺幾個大蘋果，不明真相的人看了，還以為是供養那些魚的呢！當時我就想：「轉繞這些眾生有什麼用呢？如果能給牠們多念一點佛號、灑一些甘露水、用經書加持加持，對牠們來說才真有意義啊！」不懂得如何利益眾生，就算不上是真正的大乘行人！

法王在世時，四川某地有一些居士，他們皈依佛門已經很長時間，由於身上患有嚴重的傳染病，所以單位同事與親友對他們都很鄙視。為了報復這些人的薄情寡義，他們花了很多錢，到處求一個詛咒法，後來到學院請法王給他們傳金剛橛。當時法王沒有答應，只是讓他們回去修慈悲心。這些居士聽了以後，特別失望地說：「真沒想到，這次來得這麼失敗！我太恨這些人和非人了，如果能求到法，我就用金剛橛把他們統統咒死！」這樣學佛，有什麼意義呢？我們修任何一個法，都是以慈悲心為基礎的，否則慈悲心都沒得，修啥子金剛橛喲！

【雖然我過去已經完全地傷害了她們，但從今以後，我卻要為她們掃除危害、成辦利益。通過這樣的思維，從而修持自他交換。】

以前由於我，使她們在無數劫中遭受了大量痛苦，從現在起，我不願意再害她們了，而要想盡一切辦法來利益她們，掃除她們的危害。如此思維後，開始修持自他交換。

【尤其是在親眼見到人，或者狗之類的畜生之際，都應該想方設法地予以幫助。縱然千方百計都不能給他們帶來真正的利益，也應該在內心發誓：但願這些害我者能夠遠離痛苦、獲得安樂，並迅速獲證佛的果位。不僅內心這樣思維，口中也應該這樣念誦，並進一步發心：從今以後，自己所造的任何善行，都必須是為了他們的利益。】

不管是人還是畜生，只要看到他們在受苦，我們就應該想方設法地幫助他們。作為大乘修行人，不僅心中要這麼想，實際行動也要這麼做。比如，有人在殺害眾生時，我們應該馬上制止，如果有錢的話，就把牠們買下來放生；天氣炎熱的時候，如果看到小蟲在太陽下曝晒，應把牠輕輕揀起來，放在寂靜蔭涼處；有些長年臥床的可憐病人，沒人願意照顧安慰，我們應不遺餘力地幫助他們；一些邊遠的鄉村遠離佛法的滋潤，只要我們有弘法的能力，就應責無旁貸地去那裡傳授佛法。這些

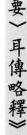

《〈修心七要〉耳傳略釋》講義

都是大乘菩提心的行為。可是有些人口口聲聲說要利益眾生，但別人不小心碰他一根汗毛，他也會指著人家罵半天，這種「口惠而實不至」的行為，怎麼看也沒有大乘佛子的味道。

我經常會想：法王如意寶辦這所學院真不容易！很多人以為辦學院只不過是每天講堂課而已，但實際上除了講課以外，裡裡外外、大大小小的事都需要上師事必躬親、操心勞神。二十多年來，上師如意寶排除了種種困難，才辦好了這麼一所學院，目的是什麼？就是想以佛法更好地利益眾生。現在這個任務落到了我們肩上，無論是在法王身邊待了很長時間的人，還是連法王的面也沒見過的人，為了報答上師的恩德，只要有一口氣，就一定要把佛教的精神、佛法的教義傳遍於世間，利益所有的如母有情。在這個過程中，即使有人毀謗我們、打擊我們，我們也不能退縮氣餒，即使自己不幸倒下去了，想想佛陀因地行菩薩道時所遇到的種種違緣，我們也會堅強地站起來，以大勇猛心繼續前進。只要每個人相續中擁有一顆利他的菩提心，相信整個世間終將變成祥和清淨的剎土。否則，沒有菩提心的話，即使擁有不可思議的神變，整天在喇榮溝裡飛來飛去，對自他也不會帶來很大的利益。

假如只是嘴上說得好聽，可一旦觸犯到自己的利益，馬上就怒髮衝冠、寸土不讓的話，這不叫做真正的

菩提心。當然，我自己修得也不好，還一直在這裡說大話，可我一個人修得不好，並不代表所有的人都修得不好。這個道理我們應該懂，懂了之後就可以對眾生講。即使有些事情我做不到，但我想這裡有很多高僧大德和具大乘善根的修行人，明白了這個道理以後，肯定會去付諸實踐的，這就是佛教的精神。

利益眾生最直接的方法就是放生，倘若沒有能力的話，也至少應做到不吃眾生肉。利用這次法會，我想再次強調大家，尤其是學密宗的修行人，不管是居士還是出家人，今後都應以吃素為主，不要去吃眾生的肉。如果做不到這點，作為大乘修行人，是很值得慚愧的，因為此舉間接損害了很多眾生。以前密宗上師吃肉的行為，在漢傳佛教中留下了很不好的印象，有些居士從藏地回去，上師相續中的戒定慧功德一點兒也沒有學到，卻只學到了上師的吃肉傳統。要知道，獅子跳過的懸崖，兔子如果也想試試，那只有粉身碎骨的份兒，有些上師的密意，如濟公和尚吃肉喝酒，帝洛巴尊者生吃魚肉等等，凡夫是難以揣測的，對此我們觀清淨心就可以了。倘若自己沒有超度的能力，卻打著「上師也吃肉」的招牌，肆無忌憚地吃眾生肉，此舉不但會玷污了上師的智慧，且對自己、對眾生、對整個佛教都不利。

這裡還提到了，如果看到其他眾生正在遭屠殺，可自己又沒有能力救護牠們時，也不可以撒手不管，而應

《〈修心七要〉耳傳略釋》講義

盡量給牠們多念佛號，並將自己過去、現在、未來的一切善根迴向給牠們，願其死後皆能獲得無上佛果。

【如果傷害者是鬼神，則應當思維：從無始以來，我吃過你們的肉，喝過你們的血……為了補償這一切，我理當將自己的血肉等等布施給你們。】

如果傷害我的是非人、鬼神，則應該這樣思維：無始以來，我肯定吃過你們的肉，喝過你們的血……現在你們來害我，也是我該償還宿債的時候了。具體觀想如下：

【之後觀想：在害己者面前，將自己的身體剖開，讓妖魔鬼怪們各取所需，在觀想布施的同時，還要在口中念著：請你們隨心所欲地盡情享用我的血肉骨頭等等吧！】

觀想將自己的身體剖開，全部血肉由鬼神們隨意取用。同時，一邊觀想，一邊無有執著地念著：「請你們隨心所欲地盡情享用我的血肉骨頭等等吧！」

【然後觀想傷害自己的鬼神們因享受了自己的血肉，從而消除了飢渴等等的痛苦，使身心得到了無漏的大樂，並圓滿了世俗菩提心和勝義菩提心。】

以上這些觀想，屬於修斷法（古薩里）的殊勝竅訣。

如果我們的發心是饒益眾生，那麼觀想將身體完全布施給鬼神，所獲的利益將非常巨大。然而，有些人知道了斷法的利益後，心想：「我現在身體不好，聽說修斷法可以遣除病障，所以我要修一下試試，也許修完以後，我的病馬上就好了。」這種不是為了眾生，只是想讓自己的病快點好的想法，純屬自私自利的發心，以此發心來修持斷法，能否達成所願，這也不好說。

　　倘若我們始終沒辦法從「我」的網裡爬出來，那就是修法最大的障礙。

　　【其後觀想以同前面一樣的方式，將自己的身體布施給所有吃肉喝血的鬼神，讓它們全部心滿意足，從而獲得安樂與善妙。

　　因此，一切禍害都是因為珍愛自我、執著自我而產生的，所以我們必須將這些我執視作不共戴天的仇敵；反之，一切利樂都是依靠眾生而產生的，所以我們要看待其他眾生有如自己的親友，並竭盡全力地去幫助他們。】

　　就像數學老師在黑板上計算了半天，最後終於得出答案一樣，我們若把前面的內容歸納起來，也可以得到這麼一個結論：世間的各種禍害、痛苦、疾病，究其來源就是我執，而一切的安樂、幸福、利樂，卻完全依靠眾生而產生。既然如此，我們又有什麼理由不捨棄我執、愛護眾生呢？《入行論》云：「自身過患多，他身功德廣，知已當修習，愛他棄我執。」

《〈修心七要〉耳傳略釋》講義

然而，我們就是這麼愚癡顛倒、黑白混淆：對於害自己不得解脫的我執，不擇手段地百般呵護、萬般疼愛，而對幫助自己成佛的眾生，卻看成是勢不兩立、不共戴天的仇敵。

由此可見，凡夫的分別妄念一點也不可靠。

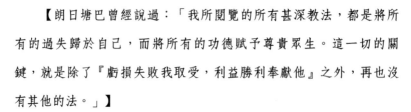

【朗日塘巴曾經說過：「我所閱覽的所有甚深教法，都是將所有的過失歸於自己，而將所有的功德賦予尊貴眾生。這一切的關鍵，就是除了『虧損失敗我取受，利益勝利奉獻他』之外，再也沒有其他的法。」】

朗日塘巴尊者看書與我們看書的確有天壤之別。試想一下：我們皈依了多少年？五部大論學了多少年？在學院聞思了多少年？可是，得出的結論是什麼？讓我快樂，讓我解脫，讓我成佛……而朗日塘巴尊者呢，通過閱覽《大藏經》、大德們的論典、大乘的甚深教言，最後得出了：世間所有的過失、痛苦皆來源於自己，所有的利樂、功德都皆源於眾生，所以要把一切過失歸於自己，一切功德歸於眾生。

很多人在發生爭執時，都希望把過失推在別人頭上，而功德全部攬在自己身上。學了這些教言後，我們不妨對照自己想想，這種心態究竟有沒有顛倒？一切的爭執根本來源於我執，不管別人的人品行為如何，畢竟他前世曾做過我的母親，今世還可以依靠他圓滿自己的

第三節課

福慧資糧，我這種令親者痛、仇者快的做法，到底對自他有什麼利益？

　　有些人反駁說：「如果對方的人格好一點，我還可以將就，但如果他是個無惡不作的壞人，我對他好的話，肯定會毀壞自己的修行。」其實惡人再怎麼壞，相續中也具有如來藏，我們以他為對境，還能夠暫時成就安忍功德，參照一下朗日塘巴尊者的教言，我們就可以知道，自己的修行完全是顛倒的！

《〈修心七要〉耳傳略釋》講義

第四節課

（2005年7月9日晚上9時）

　　明天六月初四，是釋迦牟尼佛在印度鹿野苑第一次轉法輪（四諦法輪）的吉日，雖然現在佛陀已示現了涅槃，但依靠佛陀的加持，才使佛法的慧命從來沒有間斷過。為了報答佛陀的恩德，希望各位金剛道友明天根據各自的情況發菩提心！

　　如何發菩提心呢？念誦儀軌為《喇榮課誦集》中的「發心儀軌」。念完三大祈請後，觀想在十方三世諸佛前，或者在佛像、僧眾等三寶所依面前發菩提心。

　　以前法王如意寶在世時，每年這時都會為大家傳一次菩薩戒，明天雖然沒有單獨的授戒儀式，但按照龍樹菩薩的觀點，在所依面前也是可以獲得菩薩戒戒體的。

　　說到舉行儀式，學院對此一向不重視，我個人也認為沒什麼必要。可如今，很多人只喜歡看熱鬧，來學院參加法會，首先看有沒有剪綵、放鞭炮，如果儀式隆重，大家就會很感興趣，倘若冷冷清清，大家就會非常失望，覺得這個法會不重要。作為佛教徒，我們應該明白，外表形式是次要的，只有內在的發心才是最主要的。

　　發菩提心並不只是口頭上念念，而是應該發自肺腑。在座的道友以前也可能發過菩提心，但當時是否具足菩提心呢？這個不好說。對自己以前發心有懷疑的

人，希望明天能重視此事。從世間的角度，很多人都會記得一些比較有意義的日子，比如「某年某月某日，我正式加入共青團，成為了一名共青團員」，同樣，大家也應該銘記——2005 年 7 月 10 日某時，我真實發起無上殊勝的菩提心，成為了一名大乘佛子。這不僅是一種決心，而且也是一種祈禱，從今以後，大家就是真正的大乘菩薩了，這一點，對於每一個修行人來說，都非常重要。在此基礎上，我們還可以再發一些其他的誓願，如「生生世世成為戒律清淨的人」、「生生世世成為利益眾生的人」……但除此以外，像「願我身體健康」、「願我年輕漂亮」、「願我長命百歲」等等這些對自己今生來世沒有意義的惡願，就沒有必要發了。

如果明天你們真正生起了菩提心，那當然是最好不過的，但若只是發了心，而沒有真實生起，這就需要再接再厲了。只要繼續發心、多次發心，功德就一定會越來越增上。這就是我對大家明天的希望！

接下來繼續講《〈修心七要〉耳傳略釋》：

昨天講解「以世俗菩提心將惡緣轉為道用」時，主要談了兩個問題：一個是「報應皆歸一」，所有的報應、禍害全部歸於我執；另一個是「於眾修大恩」，將所有的眾生觀為大恩父母，把他們作為自己成就功德的對境。

《〈修心七要〉耳傳略釋》講義

表面上來看，這本小冊子文字很少，但對於真正的修行人來說，依靠本論，即生就能獲得圓滿的佛果。本來我打算在前一段時間的「金剛薩埵法會」上傳講此論，因為那時新來的人多，他們長期聞受甚深教言的機會又很少，若能在短短的八天裡，圓滿聽完一部法，這對他們今後的修行將有很大幫助。可是後來因為身體不好，所以沒有講成。這次法會新來的人雖然不多，但有緣能夠聽聞到這部論，大家的福報還是非常大的。這本小冊子儘管只有一兩萬字，內容讀起來也比較簡單，但若想真正生起菩提心，還是要再三地思維、再三地串修，生起菩提心以後，違緣就能逐漸轉為道用了。

昨天已經講了，以世俗諦的觀點，我們可將各種違緣轉為道用。今天接著講，通過勝義諦的觀察，也能將一切違緣轉為道用。這種境界，對於以前沒學過大中觀、大圓滿的人來說，也許會稍微困難一點。

丙二、（以勝義菩提心而將惡緣轉為菩提道用）：

【迷境觀四身空護為最上】

遇到違緣損害時，以勝義菩提心將其轉為道用，也可分為兩種情況：1）將迷亂的對境，直接觀為法、報、化、本性四身；2）將能損害者、被損害者、損害過程三者觀為空性，以此作為最無上的護輪。

頌詞「空護為最上」，無著菩薩在後面的講義中沒

有具體解釋，但依貢智仁波切的解釋方法，其意思是觀修空性乃最好的護輪。

【依靠煩惱以及內外器情世間的損害，就會產生種種痛苦。然而，這些煩惱和痛苦都是因為心的迷惑而產生的幻相，其體性是稍許也不可能成立為實有的。】

眾生的痛苦是怎樣產生的？有些是依靠自相續中的煩惱，有些是由外器世界所致（如自然災難），有些是源於有情世界（人、非人）的種種危害。

這些痛苦無論是由煩惱引發，還是四大不調導致，如果真正依靠中觀正理進行抉擇，就會發現無一不是由心幻化出來的，其體性根本不存在一點一滴，只不過是一種迷亂顯現而已。

為什麼說痛苦是心的一種幻化呢？以下從世俗、勝義兩方面來進行分析。

【世俗諦的這些現象，就像在夢中夢到自己被烈火焚燒、被洪水沖走時的悲慘狀況一樣，都是因為將無實執著為實有而產生的災難。】

首先，從世俗的角度來看，每個人都有過做夢的經歷。在夢中，我們的房子突然著火，所有的財產被火吞沒，自己家破人亡、欲哭無淚；或者我們被洪水沖走，冰冷的河水不斷嗆進口鼻，馬上就要臨近沒頂之災……

《〈修心七要〉耳傳略釋》講義

這些痛苦對夢中的我們來說，確實是真真切切、苦不堪言。但醒來以後呢？一切都會蕩然無存，我們只有噓一口長氣，拭拭頭上的冷汗，歎道：「哎，幸好只是一場噩夢！」

同樣的道理，在現實生活中，有人無端傷害我們、惡言侮辱我們，雖然當時我們也是心生煩惱、極度痛苦，但如果靜下心來，對這些煩惱的心、損害的外境進行觀察，就會發現它們同樣也是虛幻不實，就像一場噩夢一樣。對此，《中論》和《現觀莊嚴論》中皆講過：抉擇二諦時，勝義中遠離一切戲論，世俗中則如夢如幻，儘管有種種顯現，但其自性根本無法成立。

【在勝義諦中，因為一切法的體性無論如何也不可能成立，所以，如果觀察煩惱以及痛苦的本面就可以發現，因為它們首先從何處也無生，因此就是無生法身；既然無生，也就無滅，因此就是無滅報身；既然沒有生滅，當然也就不可能存在中間的住，所以就是無住化身；而（法、報、化）三身體性的無二無別，就是本性身。這些將一切幻相觀為（法、報、化及本性身）四身體性的方法，就是直指四身的教言。】

在勝義諦中，若以中觀宗的金剛屑因、有無生因等勝義量觀察，一切法的體性也同樣無法成立。所以，如果觀察煩惱和痛苦的本面，就會發現它從何處也無生，比如我們正在對怨敵生嗔恨時，這個嗔恨源於自心，而

第四節課

70

這顆心通過裡裡外外觀察，就如同石女的兒子一樣，根本找不到產生之處，倘若認識了這一點，就是所謂的「無生法身」；石女的兒子沒有出生，便不可能死亡，同樣，嗔心的本體沒有產生，就不會存在毀滅，從這個角度，可稱之為「無滅報身」；石女的兒子連出生、死亡都沒有，中間就更不可能有做生意、發大財的生活過程了，同理，嗔心之前沒有產生，之後沒有滅亡，那中間也絕不會有它的安住，這稱為「無住化身」；法、報、化三身，體性無二無別，就是所謂的「本性身」。至於三身的定義，還有些人認為：法身看不見摸不著，報身有眼有鼻，化身是二者的顯現。其實，這也算是一種解釋，且與大圓滿「本來清淨」中的認識極為相似。在抉擇大圓滿時，心的本體空性稱為離戲法身，顯現不滅稱為光明報身，顯現與空性無二周遍稱為大悲化身，三身本體無離無合則為本性身。

我們在生起貪心、嗔心的當下，如果從生、住、滅這三個角度分別尋找，就會發現其本體怎麼也找不到，這便是所謂的法報化三身，三身本體無二無別，從這一點來說，又可稱為本性身。當明白了這一切煩惱皆為四身之幻相後，這就是直指四身的教言，此種抉擇方法，在顯宗中是最甚深的竅訣，也即禪宗經常談到的「煩惱即菩提」。關於認識煩惱本性的方面，《大圓滿心性休息》中也有一些與顯宗不共的竅訣，對於某些利根者，

71

尤其是以前學過大圓滿、大中觀的人來說，煩惱痛苦產生的時候，根本不需要其他對治方法，只要依靠這些竅訣，通過觀察煩惱的本面，就能直接將其轉為道用。

「空護為最上」的解釋，加在此處比較合適。此修法在斷法中也有，具體是說，我們在值遇違緣、魔障、人、非人等種種損害時，應把自己的身體觀為空性，外面的魔怨觀為空性，損害自己的方式也觀為空性，這就是最無上的護輪，也是在勝義當中將違緣轉為道用。平時，有些道友出遠門時，喜歡找人先打個卦，算一下是否出門大吉，會不會碰到違緣，其實，如果具備了一些中觀的勝義境界，通過一觀空性，就會發現這只不過是自己的分別念而已，分別念是空的，外緣也是空的，根本沒有必要多此一舉，觀空性就是最好的金剛護輪。

下面是把世俗、勝義結合起來的觀想方法。

【另外，這些害己者也是促使激勵自己修煉世俗菩提心和勝義菩提心的善友，所以對自己有很大的恩德。】

害我們的這些人與非人，實際上是激勵自己修煉菩提心的最佳善友，對於他們的損害，不但不能心生嗔恨，反而還要感恩戴德。

今天我聽說，有兩位常住道友依靠這幾天學的竅訣，在發生矛盾時，互相觀待修菩提心，獲得了極好的效果。我知道以後非常欣慰，其他道友也很羨慕。他們

能在遇到違緣時，把這些方法全部用上，將其轉為菩提道用，這種修行境界，雖然從平時不一定能看得出來，但通過這件事情，我們卻可以明顯感受得到。這種能將煩惱轉為道用的人，即使現在到外面去弘法利生，也是完全有資格、有能力的。

修學大乘菩提心的人，如果遇到有人加害自己，也應該認為他們的恩德相當大。以前學院搞「治理整頓」時，有些道友依靠這種外緣，生起了極大的嗔恨心，當時道心馬上就退了；然而，有的道友看到這些無常的景象時，切實感受到了佛法難聞、輪迴痛苦，對於那些造違緣的人生起了難忍的大悲心，而且菩提心日日增上，對他們來說，這些違緣是難得一遇的修法良機。同樣，「文革」時期也有一些大乘修行人，把牢房當關房，別人侮辱打罵他時，他將這個人當作自己圓滿忍辱度的善知識，打罵過後，馬上將剛才修安忍的功德全部迴向，的的確確把大乘佛法用到了實處。

我們現在處於有漏的三界，修行從頭到尾一帆風順是不可能的，但是就算以後遇到了違緣，依靠所學的這麼多教言，我們也能想方設法將其轉為道用。如同一個人在餓的時候，則只要能填飽肚子，什麼東西都可以吃，同樣，我們在遇到違緣時，只要能將其轉為道用，就什麼竅訣都可以嘗試。平時沒有違緣時，看起來修行還不錯，可一遇到違緣，自己的煩惱習氣馬上就暴露無

遺，這種人，就不是真正的修行人。

【只因為我們遠離了對治之法，才會在不知不覺之間生起煩惱，正是仰仗著這些害己者，才讓我了知這一切。所以，他們就是上師、佛陀的化身。】

《中觀四百論》中說，眾生煩惱的存在方式有兩種：一種是以種子的方式存在，一種是依靠對境而現形。前者比較細微，一般不容易發現，後者只要有了對境，煩惱馬上就會產生。所以，在害我的對境沒有出現時，我無法發現自相續中潛藏的瞋恨煩惱；一旦他人傷害我，引發了我的瞋心，我才知道自己相續中的瞋心竟然還是那麼強烈。正是仰仗他們的提醒，才讓我認識了相續中的煩惱，所以，害我者對我的恩德非常大。

有些道友平時不接觸人時，看起來非常寂靜調柔、和藹可親，然而一旦他們接觸外人，聽到幾句貶低自己的話後，馬上就火冒三丈、怒不可遏了。這個時候，他們應該反觀一下：這個讓我生氣的人，實際上對我的恩德很大，為什麼呢？因為沒有他，我就不知道自己原來修得這麼差，通過他對我的毀謗，就把我的瞋心種子挖出來了，我才明白自己其實還需要修持，所以害我的人跟我的上師、佛陀沒有什麼差別。阿底峽尊者也說：「三寶、本尊、上師、五趣眾生（天與阿修羅歸為一趣），全部都是我的至尊。」

【還有，在出現患麻瘋病等異常痛苦時，也應當思維：假如沒有這些痛苦，我反而會落入追求今世者的行列，並將正法忘得一乾二淨。承蒙這些害己者的逼迫，才使我能夠憶念正法，它們的確是上師三寶事業的化現啊！】

即使我們不幸罹患了麻瘋病，也應當思維：「正是因為這些痛苦，才使我有機會捨棄今世、憶念正法，它們的確是上師三寶的化現！」當時在藏地，麻瘋病是最可怕的傳染病，其令人聞名喪膽的程度不亞於現在的艾滋病、非典，據說罹患上這種病主要是因為觸怒了龍王，得了此病以後，患者馬上會被隔離人群，驅逐到荒無人煙的地方。然而，對於一個真正的修行人來說，即使染患上這種可怕的疾病，也同樣能轉為道用，切實體會一把「壽命無常」。就像去年有位佛教徒不幸染上非典，之後才明白「死亡無常」並不只是口頭上說說，繼而對輪迴生起了厭離心，捨俗出家。我想，如果沒有那一次非典，也許他一輩子都會忙碌於世間瑣事之中，寶貴的人身也就這麼白白浪費了。所以，如同高明的醫生能運用善巧方便，將致命毒藥變成活命良藥一樣，修行人只要擁有了佛法妙寶，世界上的一切磨難就全都可以轉為修行的助緣。

因此，鑒別違緣、順緣的標準，不在於外境的好壞，關鍵在於內心能否將之轉為道用。如同五十年代的

《〈修心七要〉耳傳略釋》講義

大飢荒，當時只要不中毒，所有野草都可以吃，儘管生活很艱苦，但大家圍著熱騰騰的一鍋野菜，照樣吃得有滋有味；等到日子好過了，這個不能吃，那個也不能吃，人們口味越來越挑剔，也越來越難以滿足了。

修行也是如此，修行好的人雖然身處劣境、值遇種種危害，但依靠菩提心的力量，仍然可以將之全部轉為菩提道用，不覺其苦反而樂在其中；修行不好的人儘管物質條件極為優越，生活資具一應俱全，可他的心始終無法輕鬆快樂，看誰都不順眼，似乎周圍的人都跟自己過不去，之所以這樣，就是因為相續中沒有菩提心。故對於修行人來說，周圍的環境並不重要，關鍵是要調整自己的相續。

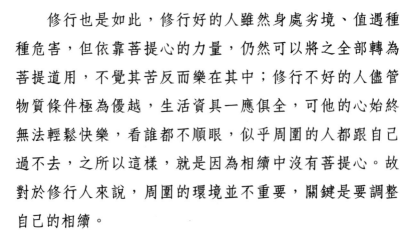

正是由於這些違緣的逼迫，我們才有了趨入正法、步入解脫的機會，所以，這些害我的違緣就像無價之寶一般珍貴，我們應當視其為本尊、上師，恭敬依止，龍樹菩薩讚云：「此等如意寶，妙瓶如意牛，故如本尊師，應當依彼等。」

【最後觀想：總而言之，有如依靠上師可以生起菩提心一樣，依靠傷害我的眾生以及這些病痛，就能使我的相續生起兩種菩提心。因此，我應該從心靈深處來感謝它們。】

依靠上師傳授的修心竅訣，我們的相續能生起菩提心；依靠怨敵、疾病的危害，我們同樣也能生起菩提

心。既然如此，那為什麼我們只對上師恭敬頂戴，而對怨敵、疾病卻恨不得滅之而後快呢？

比如，一個人看見一頭犛牛，以其為對境，觀想牠沉溺輪迴所感受的各種痛苦，依靠牠的因緣，在相續中生起了強烈的菩提心；而另一個人依止了一位了不起的大活佛，通過觀修活佛賜予的殊勝教言，同樣也生起了菩提心。這兩個人所生起的菩提心，其實在價值方面是完全等同的，我們不能說依靠犛牛生的菩提心價格便宜，而依靠大活佛生的菩提心就價值不菲。所以不管什麼樣的眾生，只要能讓我們的相續生起菩提心，就是值得恭敬的大善知識，與自己的上師沒有任何差別。

大家在遇到痛苦違緣時，應該看看自己是不是大乘修行人，如果是的話，就根本不會斤斤計較，想方設法避免違緣的損害，而會心平氣和地完全接受，並且將之盡量轉為道用。我們周圍有一些菩提心修得好的道友，他們生病也好，痛苦也罷，什麼違緣也無法動搖他們平靜的生活；相反，像我這樣修行不好的人，只要遇到一點點違緣，馬上就心急如焚、焦慮萬分，這就不是真正大乘修行人的表現。以前，金厄瓦格西稱讚夏日瓦格西說：「您能將一切惡緣轉為道用，一切痛苦觀為快樂，這種境界實在稀有罕見！」的確，這種修行境界非常令人羨慕，但願所有的人，也能具備這樣的殊勝境界。

《〈修心七要〉耳傳略釋》講義

【下面講述以集資淨障將惡緣轉為菩提道用的殊勝行為。】

　　以上已經講完了在發心方面（世俗菩提心、勝義菩提心）應該將惡緣轉為道用，下面接著講，在行為方面如何將其轉為道用。

【四行勝方便】

　　在行為方面，具有四種殊勝的方便方法：積累資糧、淨除罪障、布施魔鬼、供養護法。

　　這四個科判講完後，大家就可以休息了，安住於你們的光明境界當中（指睡覺）！有些新來的人坐了這麼久，現在一剎那也坐不住了，腳伸過來、伸過去，心裡非常羨慕旁邊的出家師父一兩個小時跏趺坐都不動，但自己又實在坐不住（眾笑）！理解，理解，不要笑，這一點沒有什麼，真的很理解！

第四節課

　　乙二、（將惡緣轉為菩提道用的行為）分四：一、積累資糧；二、淨除罪障；三、布施魔鬼；四、供養護法。

　　丙一、（積累資糧）：

【第一個殊勝的方便法門，就是積累資糧。

　　當自己遭受痛苦的時候，心中時常會想：「如果能沒有這些痛苦，那該有多快樂啊！」但在此時，我們卻應該這樣觀修：這一切其實是在告訴我們，如果你不想遭遇痛苦而只想得到快樂，就必須

通過行持樂因來累積資糧。並盡力供養上師三寶、承侍出家僧眾或為魔眾供施食子等等。】

　　一般來說，我們病得很嚴重時，會想：「我要是沒有病該多好」；沒有生活來源時，會想：「我要是有人民幣該多好」；生意不順利時，會想：「這筆生意要是能順利該多好」……多數人在遭遇痛苦時，都希望自己能夠遠離痛苦，獲得快樂，但是作為一名修行人，這個時候該怎麼做呢？

　　諸佛菩薩告訴我們：要想獲得快樂，必須要有產生快樂的因。快樂的因是什麼？就是積累資糧。比如，供養上師三寶、承侍僧眾、為魔眾施食子、供燈、磕頭、做泥塔、念經、轉繞壇城等等，甚至有時將自己吃剩的飯，以觀音心咒作加持後布施給眾生，也能積聚很多的福報。

　　在供養三寶時，如果有條件，最好用真實的上乘的供品作供養；倘若沒條件，則哪怕是一根香、一盞燈，或者在心中作意幻供養，也都是可以的。值得注意的是，供養時一定要具備清淨的發心，千萬不可以夾雜吝嗇心。譬如自己在供養一百元時，如果發現相續中有吝嗇心，那就不要供養一百，看看供養十元有沒有吝嗇心，如果沒有，就把十元拿出來，倘若還有吝嗇心，那就乾脆不供好了。現在有很多人今天供養，明天就後悔了。記得以前有個人供養了學院一百元錢，過了五年還

《〈修心七要〉耳傳略釋》講義

掛在嘴上，念念不忘，這些都不是清淨的供養。所以，供養時的發心清淨非常重要，若能在此基礎上同時具足菩提心，這樣的話，福德將會更為圓滿。

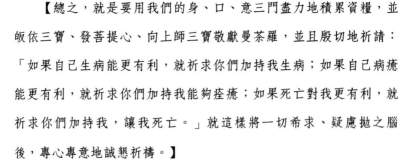

【總之，就是要用我們的身、口、意三門盡力地積累資糧，並皈依三寶、發菩提心、向上師三寶敬獻曼茶羅，並且殷切地祈請：「如果自己生病能更有利，就祈求你們加持我生病；如果自己病癒能更有利，就祈求你們加持我能夠痊癒；如果死亡對我更有利，就祈求你們加持我，讓我死亡。」就這樣將一切希求、疑慮拋之腦後，專心專意地誠懇祈禱。】

《大圓滿心性休息》中說，所有的積資淨障都可以包含在「七支供」裡面，因此，平時我們應該多修「七支供」來積累資糧。然而，很多學禪宗、大圓滿的人對此不屑一顧，認為「我現在經常處於光明法身的境界中，根本不用供養、念咒，也不用磕頭」。可是，你們真的有這種境界嗎？你們觀察一下，自己相續中是否已經完全具足了菩提心？如果是的話，那倒很值得隨喜，因為菩提心在相續中即使生起一剎那，也遠遠勝過了以遍滿世間的七寶供佛之功德，但是如果沒有，那就要老老實實，不要誇誇其談、亂說大話。

還有些修行人因為自己囊中羞澀，沒有力量供養上師三寶，經常很苦惱。其實，你們大可不必如此，因為你們相續中菩提心的價值，已經遠遠超勝於世間的金銀

財寶。比如說，現在讓你們拿十斤黃金來作供養，很多人可能都辦不到，但是只要相續中生起了菩提心，即使只有短短的一瞬間，價值也絕對超過了十斤黃金。關於這一點，也許很多人從來沒有計算過！

在積累資糧的基礎上，我們還要作皈依、發心、供曼荼羅，接著在三寶面前恭敬合掌，依《斷除希疑祈禱文》（凡夫經常處於希望與疑惑中，患得患失。觀修此文，能斷除他們的希疑，故噶當派的修行人對此文非常重視）一心一意地祈禱：「如果生病對我的聞思修行以及利益眾生更有利，就請加持我的病怎樣都治不好，病痛一剎那也不要停息；如果我病癒對自他更有利，就請加持我的疾病早日康復；如果我死亡對自他更有利，就請加持我快點死亡；如果我不死對自他更有利，就請加持我暫時不要死！」

這篇祈禱文的境界非常深，一般的凡夫人，不要說白天，即使在夢中也不會有這種想法，有人甚至認為：「怎麼會是這樣呢！三寶的加持不可思議，如果我真的永遠痛下去、病下去，甚至死掉了，那該怎麼辦？生病已經讓我苦不堪言了，如果還要請佛菩薩加持我的病永遠都不要好，豈不是讓我苦死了？」一般而言，人們對自己的生病和死亡非常執著，這幾年我去過很多大醫院，每次一有時間，我就到旁邊的病房找病人聊天。在與他們交談的過程中，我發現沒有一個人希望自己

生病、希望自己快死，如果你問他們：「什麼時候出院？」他們肯定會說：「願我早點好起來，盡快離開這個鬼地方。」「我可千萬不能死，我還有好多事要做。」「我特別害怕死！」……世間人有這種表現尚且情有可原，畢竟他們以前沒接觸過大乘佛法，一點兒也不懂佛法的奧意，可是，偶爾我還會碰到一些所謂的大乘修行人，甚至是密宗修行人，對這個問題他們的反映竟然也一樣，這就令我百思不得其解了。其實，倘若對眾生沒有什麼利益，自己病好了又有什麼用？徒是造業而已！

丙二、（淨除罪障）：

【我們還應當這樣思維：這些傷害我者，其實是在告訴我，如果我不想遭受痛苦就應該與痛苦之因——惡業一刀兩斷。】

痛苦的因就是惡業，如果我們不願遭受痛苦，就千萬不要再造惡業，否則造了惡業，想種子不生果是不可能的，這是一個自然規律。

對以前造的惡業勵力懺悔，發誓今後絕不再造此業，這是淨除罪障必須具備的兩個條件。

【並對往昔所造的惡業產生深切的後悔之心，這就是破惡對治力；發誓今後縱使遭遇命難，也決不再造惡業，這就是恢復對治力；皈依三寶、發菩提心等，就是所依對治力；而修習空性、念誦

殊勝咒語等等，就是現行對治力。我們應當在具足以上四力的前提下勵力懺悔，直至將罪業懺除清淨的驗相出現為止。】

與「金剛薩埵修法」中講的一樣，懺悔必須具足四種對治力，才可以懺淨。

1）破惡對治力：自己對往昔所造的罪業，就像誤喝了毒藥一樣特別後悔。

2）恢復對治力：發誓今後縱遇命難，也決不再造此惡業。比如，有些道友出生在海邊，以前每天都吃海鮮，幾十年來吃了幾十萬條生命（去年印度尼西亞的海嘯，我想此事也難逃干係），學佛之後明白了因果，於是非常害怕、後悔，發願今後再也不吃這些生命了。

3）所依對治力：皈依三寶，或在上師、佛像前發菩提心，以其作為懺悔的所依對境。

4）現行對治力：觀修空性，念誦金剛薩埵心咒、百字明，以及「等等」所包括的傳講大乘菩提心的甚深經典、造佛像、供養、持名號，這是寂天菩薩在《集學論》中所講的六種現行對治力。作為修行人，早晨起來時還應最少念21遍百字明，以遮止罪業的增上。

我們應當以四對治力為前提，精進地懺悔罪業，直至出現清淨的驗相為止，比如夢見日月、自己身著白衣、沐浴、罪障變成黑色的東西從體內排出等等。

丙三、（布施魔鬼）：

《〈修心七要〉耳傳略釋》講義

【向（傷害自己的魔鬼等等）布施食子，然後祈禱它們：「你們是督促我修習菩提心寶的助伴，對我有無比的恩德，希望你們能幫助我，使所有其他眾生的痛苦能夠成熟於我的心相續。」我們應當如此這般地向它們祈請。】

對於害自己的妖魔鬼怪，我們應向它們布施食子，並百般祈請：「雖然你們這次害了我，讓我生病，讓我發瘋，但卻是對我修菩提心最大的幫助，對我具有無比的恩德，所以非常感謝你們！希望你們能夠繼續害我，讓我生病，給我製造各種各樣的違緣，而且使所有眾生的痛苦都成熟於我的相續。」

大乘的修心方法確實與常人的思維背道而馳，一般的世人見了以後，會認為這種想法簡直不可理喻。但不管他們怎麼說，大家學完以後，如果遇到此類情況，雖然將這些教言全部用上非常困難，但至少也應該用上一點點。否則，學了這麼好的大乘論典，回去以後稍微有點人或非人的危害，自己就像沒有學過的人一樣睚眥必報，這些教言豈不是白學了？如同一個司機，明明跟教練學了很長時間的開車，但正式駕駛上路時，卻不按照以前所學的去做，僅憑自己的想像開車，後果會怎麼樣，大家可想而知。

我們現在所學的這些大乘法要沒有絲毫錯誤，正因為它如此殊勝，我們才必須要按照它來行持。有些道友雖然皈依了多年，出家了半輩子，但從來沒聽過這麼稀

第四節課

有的竅訣——被害後竟然還要對害自己的魔鬼感恩不盡。其實，這也不值得什麼大驚小怪，作為大乘修行人，必須要這樣做，而且也只有這樣做，才能令我們的心力不斷增強，心的力量增強後，積累資糧就易如反掌了。

《釋迦牟尼佛廣傳》曾有一個公案：嘎樂嘎國王將忍辱仙人的四肢砍斷，仙人對他卻沒有生絲毫的嗔恨，以此忍辱的功德，剎那圓滿了八萬大劫的資糧。這就是心的力量！可一般人卻根本沒辦法做到，雖然很多人口口聲聲說「我要成佛」，但你們憑什麼成佛？沒有這種強大的心力，成佛遙不可及！

【如上所講的方法如果沒有辦法做到，就應當（向魔鬼）布施食子、修持慈悲心，並且向它們祈禱：「往後我一定盡力讓你們得到眼前的利益和究竟的利益，也希望你們不要來障礙我的修行。」】

倘若有些人心力不夠，不敢如此觀想，那還有個退而求其次的方法——向魔鬼布施食子，對它們修自他交換菩提心的同時，心裡默默祈禱：「我會將自己念經、修行等一切功德迴向你們，盡力幫你們獲得暫時與究竟的利益，以此希望你等不要再給我製造違緣，障礙我的修行了。」

總而言之，「利益眾生」是我們修行當中最大的目

標。就如往昔的釋迦牟尼佛一樣，佛陀在因地累劫勤苦，最後終證無上菩提，目的是什麼？就是轉妙法輪來利益眾生。除此以外，願自己獲得快樂的念頭一剎那也沒有。與此相比，我們很多人在修行過程中，始終不離「讓我快樂，讓我健康，讓我解脫」的發心，將眾生的利益完全置之不理，這種做法是大錯特錯的。學完了這部大乘論典以後，大家的心態能否從根本上扭轉過來？如果不能，即使你認為自己是學佛的人，實際上就連佛法的大門也沒有摸到。

丙四、（供養護法）：

【向護法供養食子，祈求它們加持自己能夠平息修法過程中的違緣障礙，並幫助自己能夠成辦修行中的順緣。】

在學院有不少道友喜歡供護法，在他們的草坯房頂上，經常可以零零星星看到很多糖果、餅乾。但他們供護法是為了什麼呢？對此我曾一一採訪過，答案不外乎是「願我不要生病」、「願我生活快樂」、「願我的修行沒有違緣」……一切的核心都圍繞著「我」。雖然供護法是件好事，但如果發心太小，就不是大乘供護法的方式了。

那麼，什麼才是大乘的供護法呢？《修心七要．日光藏》中講，大乘供護法應該具備三種發心：「願我相續中利他的菩提心早日成熟；願我見聞覺知的一切眾生

86

皆獲利益；願能遣除眾生修行過程中的所有違緣。」因此，大家供護法是為了「眾生」遣除違緣，還是為了「自己」遣除違緣，這是有天壤之別的，倘若只是為了個人的利益，那就不是大乘的發心。這個界限，大家一定要分清楚。

【為了能將突然遇到的惡緣轉為菩提道，（故於頌詞中云：）】

下面講的，雖然在科判中不明顯，但主要是在總結以上的內容，即突然遇到違緣時，我們應該如何將其轉為道用。

【所遇修道用】

將自己所遇到的順緣、違緣，全部轉為修行道用。

【當病魔、鬼怪或者敵人等忽然出現，使自己產生極大痛苦的時候，我們應當思維：在這個世界上，有著無量無邊的眾生，他們也同樣遭受著如此的極大痛苦。並對他們生起悲心，觀想將這些眾生所有的痛苦，全都聚集在自己身上。】

當病魔、怨敵、違緣等給我們帶來極大痛苦時，應當這樣思維：「在這個世界上，肯定還有很多眾生正在感受著和我一樣的痛苦。我依靠上師教的竅訣，都無法對治、忍受這些痛苦，那麼這些眾生從來沒有聽過善知識的教誨，也沒有任何的對治方便，他們的痛苦就更不

言而喻了。」進而對他們生起強烈的大悲心，通過修持自他交換，觀想將這些眾生的痛苦全都集中在自己身上。

【或者觀想：這些傷害我的眾生，是幫助我修習菩提心的善友，它們就像上師一樣，對自己有著極為廣大的恩德。】

或者還有另一種觀想方法：正是依靠這些害我的眾生，才使我生起了菩提心，所以它們對我的恩德極大，與我的上師沒有差別。

以前，噶當派的格西有時也會通過呵斥弟子，來激勵他們生起菩提心。就像仲敦巴格西圓寂之前，嚴厲地對博朵瓦格西說：「你必須給我好好修菩提心！！」後來，博朵瓦格西每每念及，都會感慨地說：「尊者當時的教言，就像在我心坎深處刺了個樁子一樣，簡直太尖銳了。」由此可見，為了能令弟子生起菩提心，上師們可謂用心良苦啊！

【當看到其他眾生遭遇痛苦的時候，就應該馬上觀想由自己來領受這些痛苦；當自己或其他眾生生起極大煩惱的時候，就應當情真意切地觀想：但願其他眾生的所有煩惱，都能夠聚集在我自己的身上。】

當看到眾生正在遭受痛苦、正在產生煩惱時，我們應馬上觀想：希望諸佛菩薩加持，把他們的痛苦、煩惱

88

全部轉移到我的身上。

　　噶當派的教言中說，如果看到某個眾生正在生貪心、嗔心、邪見等惡分別念時，應該觀想：但願這人相續中所有的惡分別念，都聚集於我的相續。由此推及，如果我們偶爾聽到有人在驚叫，也要馬上想：願這個人的恐懼成熟於我的相續！

　　【朗日塘巴說：「轉惡緣為菩提道的這些殊勝方便法門，其實就是在滅除我們的期望及疑懼，並將我們推向通往究竟的、遠離期待與疑懼境界的通衢大道。現在對親怨二者所做的修持，就像想法將一根彎曲的木條繃直的過程一樣。」】

　　朗日塘巴尊者說：「將所有惡緣轉為道用的殊勝方便，總而言之只有兩條：滅除我們相續中的希望與疑懼。」根登群佩在前面也講了，凡夫人都生活在希望與疑懼當中，成天想的無非是「我能不能成功」、「我能不能成就」、「我會不會有什麼違緣」……其實，對於一個聽過本論的修行人來說，違緣來了又怎麼樣，我們完全可以將其轉為道用，依靠本論的殊勝竅訣，斷除一切的期待和疑懼。

　　尊者又說：「我們現在對親友、怨敵所做的修持，應該像將一根彎曲的木條繃直一樣。」很多人也許沒有見過彎木繃直的過程，要將一根彎木繃直，並不是輕而易舉的，其間需要很長的時間和繁瑣的工序，才能逐漸

達到預期效果。比方說，要把它先放到火中烤一烤，表面抹一點酥油、泡一點水，然後和一個很直的東西綁在一起，或在上面壓一些重物，這樣經過多次，才會漸漸由彎變直。同樣，我們每個人無始以來不斷串習護親伏敵的習氣，要想一下子完全轉變過來，也不是一件容易的事情。以前我們一直對自己的親友相當執著，對怨恨的敵人特別仇視，如果讓自己最親愛的人和最討厭的人一下子平起平坐，很多人心裡根本接受不了。如同將彎木一下子拉直就容易折斷一樣，我們也不能因為聽了一兩天的教言，馬上就想改變自己親怨不平等的心態，要知道，修行是一個循序漸進的過程，倘若自己太急躁，反而會欲速不達。

　　改變習氣需要一個很長的時間，否則阿底峽尊者也不會在金洲上師身邊一待就是十二年了。當時，就智慧而言，尊者已經完全超過了金洲上師，但是為了修持菩提心，尊者每天仍在上師座下聆聽教言，依教言觀想，然後於實際中一點一滴行持，如此經過了十二年，才最終令上師滿意。試想，阿底峽尊者是當時印度最有智慧的班智達，印度東西方根本找不到第二個人可與他齊肩，連他都修了整整十二年，那麼我們要想生起菩提心，最起碼也得二十四年吧！

第五節課

（2005年7月10日晚上9時）

昨天講了平時應該怎樣將違緣轉為道用，今天繼續講第四個問題：歸結終生之行持。也就是說，今天講的內容，總結了我們一生當中應該行持的所有修法。

有些道友經常有這類疑問：「我一生中應當修什麼法？現在修什麼？臨死時又該修什麼？」今天的教言就是要告訴大家，我們一輩子該修的法不外乎以下幾條，你們若能精進修持，即生就可以獲得圓滿成就。

甲四、（歸結終生之行持）：

【總攝竅訣要應修習五力】

釋迦牟尼佛、歷代高僧大德宣講的大乘法門有很多殊勝的竅訣，若將其完全歸納，則可包含在「終生行持菩提心」當中。而菩提心，又主要通過以下五種力來修習。

【首先是引發力：就是反覆強烈地在心中發願：「從現在開始，但願在這個月，或者在今年，或者在尚未死亡之前，或者直至尚未成佛之間，自己始終也不離開世俗菩提心和勝義菩提心」；】

第一個是引發力，即心中恆時具有一個強烈的誓願，由此引發自己的世俗菩提心和勝義菩提心。

一個人心念的力量是非常強大的，比如晚上睡覺

《〈修心七要〉耳傳略釋》講義

前，若想自己明天早上六點鐘一定要起床，第二天早上正好六點的時候，就一定會醒過來。同樣，若能在臨死時猛烈發願：「我一定要生起菩提心，即使現在無法生起，也一定要在中陰界時生起。」由於這個誓願的強大引發力，依此力量推動，我們至少也能在中陰界時生起菩提心。

平時，應在心中經常串習：「從現在起，但願我在這個月、在今年，或者死亡之前，相續中一定要生起菩提心！」由於眾生的根基不同，有些教言書還說：「如果發現自己在一個月中保持菩提心比較困難，也可以縮短到一天。」比如今天是釋迦牟尼佛的初轉法輪日，我希望大家能發一個世俗菩提心：「從現在起乃至生生世世，我不顧自己的一切，只為利益天邊無際的眾生，願他們獲得圓滿正等覺的果位。」如果有人根基沒有成熟，儘管今天發了心，但沒有真正生起菩提心，也沒有關係，你們還可以繼續發願「願我在今年，一定要生起菩提心」，或者「在我沒有死之前，能夠生起菩提心」，甚至「直至我成佛之間，始終不離菩提心的境界」。

當然這裡所講的菩提心，並非一地以上的勝義菩提心，而是指一般人比較容易生起的世俗菩提心。生起了這種菩提心以後，應該小心防護，以免退失。

什麼叫退失呢？去年我們在學《三戒論》時就講過：一個人發了世俗菩提心以後，只要相續中沒有生起

第五節課

「從現在開始，我不度任何眾生」、「我要退失對大乘的信心」等惡願，菩提心就永遠也不會退失。所以，為了防止菩提心失壞，我們在今天發了菩提心以後，就應該經常串習「願我有生之年乃至佛果之間，一剎那也不要離開菩提心」的發願，倘若心中時時能有這種強烈的引發力，菩提心在我們的相續中才會恆常不壞。

【第二是串習力：就是一再地修持世俗菩提心和勝義菩提心；】

既然已在諸佛菩薩前承諾過菩提心的誓言，今後就絕不能捨棄任何一個眾生。無論行住坐臥，內心時時以正知正念攝持，念念不忘曾經發過的菩提心，這就是串習力。

今天我們已經發下了菩提心，平時就應當勵力修持，不管出現違緣也好、順緣也好，痛苦也好、快樂也好，生病也好、健康也好，都要穩固地在相續中串習菩提心，一而再、再而三地熟悉修煉，這就是終生修習的第二個要點——從現在起，相續中不能離開菩提心。

要想不離菩提心，必須要經過長期反覆的串習。有些人今天雖然發了心，但卻從來也不修，只是以此為談資，到處跟人炫耀：「你知道嗎，我2005年7月10日在喇榮五明佛學院，和所有的僧眾一起發了菩提心。怎麼樣，厲害吧！」這種人的舉動真是令人又好氣又好

笑，我想即使再過五年十年，他們可能也不會把法本拿出來，認認真真修一遍。以前有些人也是這樣，他們來到我面前先自我介紹一番，然後說：「我十幾年前來過學院，當時還在您老人家面前聽過五加行呢！」我就問他：「那你修了嗎？」「還沒有。人在江湖身不由己呀，我的工作太忙了，而且我的地位也不一般哪……」在家人就是這樣，一生的寶貴時光都在散亂中虛度了。

人生短暫，倘若你們自己沒有緊迫感，是不可能自然而然成就一個法的。修菩提心也是同樣，有些道友發了菩提心以後，一生當中都會念念不忘，經常以此對治習氣，最終獲得了可喜的成就；而有些道友只不過是在聞法行列中聽了一個傳承而已，回去以後就把法本扔到一公里以外的地方，繼續固守自己的老毛病不改，在相續中根本沒有少許的修習。雖然聞法的功德不可思議，不要說在座各位，就算是一隻小蟲在這裡聽，也能得到一個圓滿的傳承，但除此以外，這些教言對你們相續還有什麼利益呢？你們不妨捫心自問一下。

【第三是善種力：就是為了讓菩提心能夠生起並不斷增長，而盡力地積累資糧；】

菩提心不會無緣無故地產生，也不會無緣無故地增長，對此一定要積累資糧，這就是善種力。

作為修行人，平時一定不能離開修七支供、持誦咒

語、放生等幫助我們積累資糧的善行。然而，有些人卻大言不慚地說：「修世俗的普通善法只不過是人天福報，對我而言這些並不重要，唯有修持勝觀大空性才能解脫輪迴，才是最重要的。」乍聽之下似乎言之有理，但仔細想想，這只不過是空口白話罷了。試問，你們真有勝義大空性的境界嗎？如果有的話，倒值得我們深深隨喜，但即便如此，世俗的善根也不能捨離，誠如帝洛巴尊者所說：「吾子那若巴，此現緣起生，未證無生義，莫離積二資。」假如世俗的善法並不重要，那佛陀為什麼還講了那麼多積累資糧的方便法，徹證大圓滿的上師如意寶為什麼一生當中還念了九億多本尊心咒呢？

《〈修心七要〉耳傳略釋》講義

因此，無論修任何一個法，積累世俗的資糧都必不可少。它是白法的種子，有了它，沒有生起的菩提心才能夠生起，已生起的菩提心才能鞏固、增長。

【第四是破斥力：當珍惜自己、執著自己的心念生起時，我們就應當思維：從無始以來，這種我執讓我飽嘗了種種痛苦。連我今世所遭受的痛苦、所造作的惡業，以及未能如願以償地修法等等，都是因為我執而產生的。因此，我應努力將執著自己、珍惜自己的這種心念趕盡殺絕；】

第四個是破斥力。破斥什麼？就是破斥我執。在一切的大乘經論中，我執都是首當其衝的破斥對象，具體而言，它可分為細微的我執與粗大的我執這兩種。有了

粗大的我執，自私自利的心就非常猛烈，或者說自尊心很強，除了願意為自己的親友赴湯蹈火以外，對於其他人的痛苦，一概不聞不問、無動於衷；而細微的我執，在《入中論》則被稱為「薩迦耶見」或「壞聚見」，也就是將五蘊的假合執著為我。

　　法王如意寶在《勝利道歌》中說：「我執如同哈拉毒藥一樣，必須要完全捨棄（原文：捨棄愛自如毒食）。」哈拉毒藥是一種劇毒無比的毒藥，人們一旦接觸，馬上就會穿腸封喉、中毒身亡，同樣，自私自利的我執就像哈拉毒藥一樣，不管是誰，只要相續中有它，無窮無盡的痛苦就會如影隨形，甩也甩不掉。不僅在無始以來它給我們帶來了無量痛苦，今世我們也因它造了很多惡業，修法不能如願以償。因為有了我執，在家人才會被我的兒子、我的家庭、我的工作等等牽絆，無法出家悟道；出家人也是為了我的房子、我的玻璃窗、我的院子等等勞神，始終不能放下、自在。由此可見，我執是修菩提心的頭號大敵，它所帶來的危害永遠無法估量。作為修行人，我們一定要與它不共戴天，將所有執著「我」的念頭斬草除根，令其永無立錐之地。

　　為了徹底剿滅我執，我們可以採用各種方法：或以大乘菩提心的教言，提醒自己以利他為重，對我執不斷踐踏、輕侮；或揮舞著中觀空性的利劍，將我執凌遲處決、碎屍萬段；或以大圓滿「本來清淨」的導彈，轟炸

我執的基地，使其永無翻身之日。只要能將我執滅盡，我們可以奮不顧身，這就是終生修持的第四個要點——破斥力。

【第五是發願力：在每一次行善之後，都應當發願祈禱：「但願自己從今日起直至成佛之間，都能不離開修持世俗菩提心和勝義菩提心，但願自己在遭遇任何違緣障礙時，都能將這些惡緣轉為修持菩提心的良伴。」】

第五個是發願力。今天我們放生了鴿子，念誦了《普賢行願品》，做了一點善舉，這時就應當在心裡發願：「願我從今日起乃至成佛間，永遠都不離修持世俗菩提心和勝義菩提心；願我在遭遇任何違緣時，都能將這些惡緣轉為修菩提心的良伴。」在這個發願中，主要提到了兩個要點：一、自相續始終不離修持世俗、勝義菩提心；二、無論遭遇任何違緣，都能將其轉為菩提心的道用。

若想自相續始終不離菩提心，就要先生起菩提心。以什麼方法才能生起呢？應以正在受苦的可憐眾生作為觀修的對境，或者閱讀龍樹菩薩、阿底峽尊者等高僧大德的傳記，或是學習《入菩薩行》、《集學論》等引發菩提心的大乘論典，再或是閉目思維輪迴的痛苦以及我執的過患……總而言之，我們應不惜一切代價令菩提心真正生起，生起以後還要想方設法令其穩固不退，日日增長。

《〈修心七要〉耳傳略釋》講義

假如相續中沒有菩提心，像昨天講的那樣，只是一個唯求自利的人，那我們就是一個「俗人」，而具有成辦利他心行的人，才叫真正的「大乘修行人」。從這個角度而言，有些人雖然已經出家十年、二十年了，但他的相續中從來沒有絲毫的利他之心，這種人就與在家人沒有任何差別，稱他為「俗人」一點兒也不過分。

作為一名大乘的修行人，我們不僅不能捨離菩提心，在見解上也不能偏離大乘的軌道。以前有兩個持戒清淨、行為如法的修行人，去拜訪阿底峽尊者，尊者首先為他們傳授了小乘人無我的法門，他們聽後喜不自勝、信心倍增，然後尊者又為他們宣講了大乘般若空性的法門，他們聽後驚恐萬分，趕緊捂住耳朵，痛苦地乞求尊者不要再講下去了。事後尊者感慨地說：「只有清淨的戒律是不夠的，倘若沒有通達大乘的無我空性，修行是永遠都不會成功的。」

現在有些小乘國家的佛教徒也是如此，他們的行為威儀非常如法，但卻沒有強調相續中利他的菩提心。實際上，只是一味注重表面形式而不調心，又怎能獲得如來圓滿正等覺的佛果呢？以前我去泰國時，對此就有深深的感觸，同時對藏傳佛教更是由衷地讚歎，我經常會想：「我簡直太幸運了，今生不僅能遇到這麼好的教法，而且還有行持佛陀圓滿教法的機會，倘若我也像他們一樣，那麼不要說密法大圓滿的見解，就連一般的空

性正見也很難在相續中生起。」

　　以上講的這五種力，大家平時一定要反覆修習，如果我們一生中修持了這五種力，那麼即使臨死時什麼善法也沒修，也是一個非常了不起的修行人了。有些人經常抱怨：「我在學院待了這麼久，為什麼還沒有見到明點？」其實，就算你見到了明點又怎麼樣？如果你的相續中沒有菩提心，哪怕天天與普賢王如來見面，也不一定能對你成佛起到直接的作用。然而這些關鍵的問題，很多佛教徒根本不懂，鑒於此，我們極有必要將這些大乘教法，尤其是菩提心的功德，盡己所能地弘揚給他們。

　　談到這個問題，我個人有很多感想：現在社會上的人，經常為了一點小事，就大張旗鼓地作宣傳、打廣告；基督教等其他宗教，也時常為了宣傳他們的教義而舉辦一些慈善機構。可是佛教徒呢？只想自己得一點法，自己能夠解脫就行了，至於弘揚佛法，卻似乎非常為難，壓根兒也沒想過要把佛陀最殊勝的菩提心精華傳授給眾生。這種現象是當今佛教界最大的悲哀，與世人或其他宗教相比，佛教的未來不容樂觀。每每見此情景，心裡都非常難過，所以今天在這裡我雙手合十，誠摯地祈請：每一位三寶弟子，尤其是發了大乘菩提心的修行人，對此絕不能再置若罔聞、處身事外了，我們必須要荷擔如來家業。傳佛明燈、續佛慧命，這個重任，我們義不容辭！

《〈修心七要〉耳傳略釋》講義

【在敬供上師、三寶，供養護法食子之後，都要虔誠地祈禱：「請加持我能夠實現這一切！」】

「實現」什麼？就是實現上面所講的五種力，歸納而言，就是應該如何修菩提心，除此以外，再也沒有比這更重要的修持了。

雖然我傳講這部論只用僅僅八天的時間，但如果你們能對此重視並經常串習的話，不管你們在臨死時，還是活著的時候，都可以稱得上是一個名副其實的大乘修行人。反過來說，如果你們對這個法門不屑一顧、嗤之以鼻，那不管修什麼大法，最終也必將一無所成。

第五節課

【這五力可以說是總集了所有修心的教法。那麼，依照這一教法，在臨終之時的竅訣又是怎樣的呢？】

活著的時候應該修持的五種竅訣，我們已經講完了。在臨死時，作為一名大乘修行人，又該怎樣把握自己呢？

【大乘死教言五力重威儀】

臨死時的教言，也是上面所講的「五力」，它與活著時修持的五力內容相同，只不過是順序略有變動而已。

頌詞的意思是：我們應於臨終前，在自己的各種威儀中，貫徹這五種力的修持。

【當一位修持此法門的補特伽羅罹患致命疾病的時候，首先要

依靠善種力來修持。也就是將自己的一切資具受用供養給上師三寶等功德最大的福田，並且要對自己所供養的財物沒有一點貪戀執著；】

當我們身患絕症、已經沒有生存希望時，應盡量在沒死之前，將自己的所有財產處理妥當，比如供養給上師三寶等最大的福田，供養完後，還要對這些供養的財物和自己的親友斷除一切貪執，這就是善種力。

一般人在臨死前都會留下遺囑，安排自己的財產如何處理，針對這種做法，《毗奈耶經》曾呵斥道：「人死之後，財產就是活人之物，不歸你所有了。既然你都離開了這個世界，哪裡還會有你的財產？」我們有些道友聽了這個教言以後，偶爾生一點小病，馬上就把所有的東西都處理光，等一兩天病全好了，自己又兩袖清風，什麼都沒有了，而且借也借不到、買也沒有錢，儘管有點兒麻煩，但發心還是挺好的（眾笑）！

一個人在臨死時，心念會非常強烈，倘若這時對現世的東西執著不捨、不肯放下，那麼後果將極為悲慘。《極樂願文大疏》中就講過，有個比丘臨死時貪執自己的缽盂，結果來世轉為了一條毒蛇，專門守護這個缽盂；有些孩童死前貪戀自己的玩具，來世也變成了毒蛇，纏著這個玩具不放。同樣，如果我們也像他們一樣在臨死時貪著自己的某樣東西，來世就很有可能變成三惡趣的一個眾生，不僅無法解脫，而且還要感受無盡的

痛苦。所以，應在臨死前這樣思維：「現在我只剩下一口氣了，貪執這些又有什麼用呢？即使整個世界都變成了黃金，對我來說也沒有任何意義，我也帶不走其中的一分一釐……」如此反覆思量，便不會對這些身外物產生貪念了。

當然，如果是暴死或橫死的話，就沒有辦法做到這樣的觀想了；還有些人長年臥病在床，被病魔折磨得奄奄一息，臨死時也沒有心力觀想。除了這兩種特殊情況以外，如果我們明明知道自己沒有生存的希望，病痛折磨得也不是那麼厲害，這時就應該依照這個教言中所講的去行持。經常有道友問：「我活著的時候修什麼法？死的時候又該怎麼辦？上師，您可不可以給我傳一個頗瓦？」其實，如果你們臨死時能在我今天講的這種境界中安住，即使不修頗瓦，所有的臨終修法也都圓滿了。

有些人臨死時依靠淨土宗的方法，有些人觀修大圓滿的竅訣，還有些人效仿禪宗的方式，但不管用什麼方法，其關鍵都不能離開這裡所講的教言。這個教言不僅為大乘所公認，而且也是噶當派最具加持力的往生方法。

【第二、要依靠發願力來修持。即觀想在上師三寶前行七支供，並至真至誠地一再祈求與發願：「請上師三寶加持我，讓我在中陰以及未來的生生世世中，都能夠修習兩種菩提心，並加持我能遇到傳授大乘修心教法的上師！」】

第二要依靠發願力。如果我們死時病得不是很嚴重，就應該觀想上師三寶在自己的頭頂，並且在其前作七支供積累資糧；倘若覺得修七支供實在太長，那也可以念《普賢行願品》中七支供的簡頌：「所有禮讚供養福，請佛住世轉法輪，隨喜懺悔諸善根，迴向眾生及佛道」；如果連這個能力也沒有，那麼臨死前只要有一口氣，大家就千萬不要忘了發願。這時應該想：「死相已經現前了，我肯定會死的，但願我在中陰時能夠憶念起菩提心，生生世世不要離開菩提心，並能值遇傳授大乘教法的殊勝上師。」

這裡的發願一共有兩個要點：一是願我生生世世能修習兩種菩提心，二是願我生生世世不要離開大乘上師。我們每個人都可以看看，自己臨死時有沒有把握發這兩種願。以前曾得過《上師心滴》、《空行心滴》等大圓滿法的人，死亡來時，也可以按照其中的竅訣進行觀想。不管怎麼樣，一個人活的時間再長，百年之內也必定要離開人間，修行人與世間人的關鍵差別，就是看自己臨死時能不能用上這些方法。

在「面對死亡」這方面，世間人與修行人的確不同，大名鼎鼎的人也不例外。以前我在一些文章中，曾提過魯迅先生、愛因斯坦有信仰佛教的傾向，但真正衡量，他們卻只停留於理論上的研究，而從來沒有深入修持過，至於「菩提心」、「大圓滿」等字眼，也許一輩

子也沒有聽說過。他們對佛教的景仰，僅源於釋迦牟尼佛的智慧，除此以外，通過修行才能達到的佛法真諦，他們可謂一無所知。從一些傳記中可以清楚地知道，他們在面臨死亡時，表現得並不像生前那麼精彩。然而，對於一名真正的修行人來說，即使是個目不識丁的老太太，面對這種難題往往也顯得遊刃有餘、從容不迫，也許這正是修行人的超越之處吧！

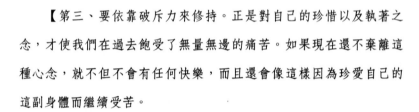

【第三、要依靠破斥力來修持。正是對自己的珍惜以及執著之念，才使我們在過去飽受了無量無邊的痛苦。如果現在還不棄離這種心念，就不但不會有任何快樂，而且還會像這樣因為珍愛自己的這副身體而繼續受苦。

其實，一旦我們進行觀察就會發現，所謂的身心根本就沒有任何可執為我的理由。既然我們已經通達了這一切，就應當拋棄我執，並安住於這一境界；】

這裡的破斥力與前面講的意思基本相同，即是說，在臨終時一定要斷除對「我」的執著。

每個人無始以來，都執著於有一個「我」，正是由於對它的貪執不捨、呵護備至，才讓我們飽受了無量痛苦，一直沉溺在輪迴當中無法解脫。如果臨死時還執迷不悟，始終耽著於「我的安樂」、「我的解脫」、「我的成就」，不捨得扔掉這個「我」，這樣快樂不僅會離我們越來越遠，而且還將因此而遭受更大、更劇烈的痛苦。

其實，每個人最關心、最在乎的「我」，如果以勝義理論觀察，這個「我」究竟存在於何處呢？《入行論．智慧品》中曾用了很多方法來尋找「我」，結果都是無功而返、徒勞無獲；《中觀寶鬘論》在「五蘊」上鍥而不捨地再三分析，最終也不得不承認：所謂的「我」，實在是一點一滴都不存在。既然清楚地了知了這點，我們就應該毅然決然地拋棄我執，安住於無我的境界中。當然，對於現在的我們來說，明白道理後就想一下子把我執拋得無影無蹤，這是不太現實的，但是，只要明白了這個道理，自私自利的心就能慢慢消退、減輕，利他的心也會逐漸生起、增長，如同前幾天所說的那樣，彎曲的木條是可以想辦法繃直的。

學院有些堪布、活佛以及修行人，現在每天除了利益眾生、弘揚佛法以外，幾乎看不到他們在為自己做些什麼，然而想當年他們乍到學院時，我執也是非常深重，跟我們某些道友沒什麼差別，正是依靠大乘菩提心的論典，自我對治、自我調伏後，我執才慢慢減少，利他的念頭才慢慢生起來的。既然菩提心有這麼大的改造力，我們現在又聽了這麼好的菩提心修法，我想再過五、六年，大家自私自利的念頭肯定會減少，那時將不會像現在一樣，念念都是「我怎樣才能發財」、「用什麼方法才能讓別人對我的印象很好」、「我怎樣才能擁有權勢，令他人對我不敢小覷」了。

《〈修心七要〉耳傳略釋》講義

如今很多淨土宗的修行人，我認為有偏於小乘的發展趨勢，為什麼呢？因為很多人念佛時想的都是：「我一定要好好念佛，這樣等我死的時候，阿彌陀佛肯定會來接我到極樂世界」、「極樂世界一定很快樂，去了以後，我就不用天天受兒媳婦的氣了……」這種想法類似於世間學生用功苦讀，就是為了到美國留學一樣，很多人念佛的目的，僅僅為了自己的快樂，除了這個之外，眾生的利益根本沒有想過。

　　其實，淨土宗是大乘法門，既然是大乘，就必定要有菩提心，否則往生的資糧就不可能圓滿。修密法也同樣如此，倘若沒有菩提心的攝持，即使發願：「我一定要即身成就，到時生活美滿、擁有神通，並且成為整個世界上唯一的國王。」那也只是癡人說夢而已，這種自私自利的大圓滿、自私自利的淨土宗，與大乘佛法是格格不入的。我們現在只有依靠菩提心的教言，才能將相續中的「彎木」繃直過來，真正地開啟大乘解脫之門。

　　【第四、要依靠引發力來修持。就是要再三地以猛烈的意願提醒自己：即使我已經處於中陰狀態，也必須修持世俗菩提心與勝義菩提心！】

　　前面已經講了，引發力就是指強烈的願望。我們在臨死時，應當猛厲地意念：「我肯定快要死了，既然如此，貪戀這個世間又有什麼用呢？現在我別無所求，唯

一只有一個願望：當我在中陰界時，能夠修持菩提心！當我轉生來世時，能夠憶念菩提心！生生世世，永遠不離菩提心！」若能在這種心態下安詳而逝，肯定是一個真正的修行人。

【第五、要依靠串習力來修持。就是要回憶自己以往修持兩種菩提心的方法，並按此進行修習。】

這裡講的是串習力，也就是當我們臨死時，應當盡量憶念起自己以前串習過菩提心（利益眾生、令眾生獲得佛果），並依此再三修持。反過來說，假如自己身體強壯時，從來沒有修過菩提心，臨死前就算想臨時抱佛腳，可能也是心有餘而力不足了。

【至於我們的行為，則應當是：在進入死亡之際，首先右側而臥，然後用右手托著右臉頰，將小指塞住右鼻孔，讓氣息從左鼻孔進出。然後以前面所講的修持慈悲心的方法，借助氣息的呼出和吸進，來修持施與領受的自他相換之法。】

以上講的都是觀修方法，此處開始講具體行為。

臨死時的行為一般有兩種：一、境界比較高的人，可以採用心性休息的手印，或是毗盧七法的坐勢，如一些高僧大德站著或坐著圓寂一樣，從古至今，這種現象比比皆是；

二、倘若無法達到那麼高的境界，我們也可以按照

《〈修心七要〉耳傳略釋》講義

下面的方式來修持：

　　身體右側而臥（如同佛陀涅槃時的獅子臥），右手平托右臉頰，右小指塞住右鼻孔，讓呼吸從左鼻孔進出。若能以這種姿勢死亡，即使你造了再大的惡業，也絕對不會墮入惡趣。這一點非常非常關鍵！！

　　假如我們看到有些道友接近臨終，就應該盡量勸他們擺成這種姿勢，倘若有能力觀想，還應讓他們觀修慈悲心，通過呼吸修持自他交換；即使沒有能力，以這種姿勢迎接死亡，也會具有非常大的利益。蓮花生大師曾說：「不僅僅是人，即便旁生以獅子臥的姿勢死去，其功德也不可思議。」當然，讓犛牛等旁生用小指塞住鼻孔，這可能會比較困難（眾笑），但把牠們的屍體擺成獅子臥的方向（頭北面西），並在旁邊助念一些釋迦牟尼佛的名號，牠們下一世就可以不墮惡趣了。

　　現在有一種非常流行的說法——「聞解脫」，動不動就是聞解脫的灌頂、聞解脫的修法。實際上，釋迦牟尼佛的名號就是聞解脫，我們今年傳講的《釋迦牟尼佛廣傳》也是聞解脫，如果你們不信，可以翻閱一下這本書的內容，看看裡面的「聽聞功德」到底是怎麼說的。當然，密法中確實也有專門的「聞解脫」修法，但這是從狹義角度來講的，就廣義而言，聽了釋迦牟尼佛的名號是聞解脫，聽了觀音菩薩的心咒也是聞解脫，這一點完全基於每個人不同的信心。

【隨後，在了知一切生死輪涅等等都是心之所現，而心的本性也是無論如何也無法成立的境界中，無有任何執著而安住。】

前面的五種力修持，叫做世俗菩提心；而這裡所講的，則是勝義菩提心的修法。

在臨死時，若能真正認識到一切的顯現都是心的本體，而心的本體也蕩然無存的話，這就是比較相似的勝義菩提心。

【就這樣以輪番修持世俗與勝義兩種菩提心而死去。】

我們若能在不離世俗菩提心的同時，也不離開相似的勝義菩提心，如此在輪番修持的狀態下死去，以大圓滿的說法，這就是一種最高的「本來清淨」的死亡方法，也是大悲與空性無二的修法，即所謂的「智悲雙運」。

今天，在釋迦牟尼佛初轉法輪的日子裡，我們所講的內容還是比較重要的，它不僅談到了修行人活著時應怎樣修行，而且也系統地告訴我們臨死時應該如何面對。這些竅訣對每個人來說極為殊勝、難遭難遇，但修還是不修，那就是你們自己的事了。

我們臨死時，如果修不來頗瓦等其他法，也不要緊，只要能在觀修空性大悲藏（兩種菩提心）的境界中離開人世，就必定不會墮入惡趣。將來再轉為人身，值遇到大乘佛法，就比較有把握斷絕整個輪迴的相續了。

《〈修心七要〉耳傳略釋》講義

因此，今天能夠聽聞到這部法，對我們來說，並不是一件賺了幾千元、幾萬元的小事，它對大家今生來世的利益是不可估量的！

【古德云：雖然被吹捧得天花亂墜的臨終教法多如牛毛，但卻沒有一個教法能比這個教法更為神奇。】

無論在漢傳佛教，還是在藏傳佛教，臨終的教法都多如牛毛、不勝枚舉，儘管如此，也沒有一個法門能比這個依靠菩提心而死的教法更殊勝的了。實際上，這是釋迦牟尼佛所有法門中最精粹的教言。

【諸法攝一要】

這是本論的第五個竅訣——修心圓滿之標準。

修心圓滿時，應該有什麼樣的標準呢？

第一個標準，所有的法都歸攝於一個要訣——斷除我執當中。

此處側重於講我執斷除後所應達到的標準，與前面講的如何修持菩提心的角度略微不同。

甲五、（修心圓滿之標準）：

【無論所修持的是小乘還是大乘教法，統攝其最根本的目的，都是要對治我執。如果不能對治我執，則一切所修都是沒有意義的；反之，如果一切所為都能夠對治內心的我執，則是修心教法在

心相續中已經扎根的徵兆。】

小乘是斷除人我執，大乘是斷除法我執，二者的根本目的都只有一個——斷除我執。如果我們越聞思、越修行，我執不但沒有減少，反而越來越增強的話，這說明自己的修法根本沒有成功。反之，剛修的時候，自私自利的心特別重，到了現在，這種心逐漸減弱，利益眾生的心越來越增強，這表明自己的對治已經得力了。

【因為這二者當中存在著所修之法是否行於正法軌道的差別，所以這也是衡量修行者的一桿秤。】

「我執」與「對治」，就像衡量修行人是否已經入正道的一桿秤。「我執」的砝碼比較重，這說明自己的修心不成功；如果「對治」的砝碼比較重，則說明自己的修心值得嘉許。

從平時的行為也可以看得出來，有些道友整天為了自己的一點小事，動不動就對人惡言相向、甚至大打出手，以致別人一見到他就避之唯恐不及，這種人一看就知道修心沒有成功；而有些道友只要能對別人有利，自己無論付出怎樣的代價，都心甘情願、毫無怨言，這種人不用多說，其修心境界一目了然。儘管有些古大德說「一個人內在的境界很難用外表來衡量」，但是有時候從一些細節中，還是可以窺其一斑，感覺出一個人的品質到底如何。

值得注意的是，我們在剛開始修心的時候，雖然應該斷我執，但也並不是要斷除所有的我執。比如，有些人說：「經論中說要斷除我，那我發菩提心、我幫助他人、我利益眾生、我要成佛……不都是有個『我』的執著嗎？這是不是也要一併斷除呢？」其實，這種執著「我」的念頭，屬於細微的所知障，在我們未登八地之前，根本不會障礙修行，反而會成為助道的順緣。所以，對於一個初學者來說，現在還不能捨棄這個幫我們渡越輪迴的大船，不能捨棄這個執著善法的「我」。

【二證取上首】

頌詞意思是，有兩種見證（他人見證、自己見證）可衡量修心是否達到標準，而在這兩種之中，又以自己的見證為首要。

本來，無論他人或是自己，誰都可以作為自己修心的見證，但在這二者中，最好的見證人就是自己。為什麼呢？因為自己對自己的心最了解、最清楚，讓別人來作見證，也許人家會認為你是個非常了不起的大修行人、大成就者，但實際上，你的相續中連出離心也沒有。現在社會就有很多這種情況，有些人連自己都不知是不是活佛，還要去認定別人是活佛；自己都不知道是不是大乘修行人，還要去認定別人是幾地菩薩……以此類推，這種「鑒定儀器」的準確率肯定有問題，因此，

只有自己，才是最好的鑒定者。

【如果他人以讚歎的口吻評說道：「這位尊者的所有行為都表明，佛法已經融入了他的相續，他真是一位了不起的大聖賢、大修行者啊！」即使在這種情況下也要知道，雖然沒有受到他人的指指點點、擁有良好的口碑，也是鑒別修行的一種見證，然而卻不能將其作為最主要的見證。】

有些世間人看到別人夜不倒單、日中一食，或者衣不解帶、經常止語，就認為這個人肯定是大修行者、菩薩再來，進而歌功頌德、頂禮膜拜。其實，以這種標準來衡量一個人修行的好壞，簡直是離題千里、荒謬絕倫。正確判斷一個人修心是否成功，關鍵不是看外在的形式，而是看他相續中有沒有菩提心，如果沒有的話，不吃飯、不鬆腰帶又有什麼了不起！

【因為，一般的世間俗人並不能通曉自己的心理狀態，所以就會僅僅根據自己所看見的外在個別賢善行為從而予以褒嘉。由此可見，最主要的一種見證，是要無愧於自己的內心。】

世間人由於沒有他心通，所以只能以他們所見的表面行為，作為衡量別人修行好壞的尺度。尤其在佛法不太興盛的地方，有些人見到別人很會唱歌，或者跳舞不錯，就覺得那人一定是個大菩薩。更有甚者，有人看到出家人的相貌端嚴，也認為這個人的修行非常了得。乍聽之下，這

《〈修心七要〉耳傳略釋》講義

種標準簡直令人捧腹不已、啼笑皆非，由此可見，以世間人作為自己修心的見證，簡直太不保險了。

最好的見證是誰呢？就是要無愧於自己的內心。如果發現自己的相續中真實具有一顆出離心，一顆利益眾生的菩提心，或者對無上大圓滿等密法具足了不共的信心，那自己就應該不是最差的修行人。如此以自己作為自己修行的見證，是最好不過的了。

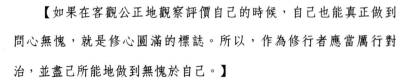

【如果在客觀公正地觀察評價自己的時候，自己也能真正做到問心無愧，就是修心圓滿的標誌。所以，作為修行者應當屬行對治，並盡己所能地做到無愧於自己。】

修心是否圓滿應由自己來裁定，如果真能做到自己問心無愧，那就說明修心已經圓滿了。作為修行人，我們應當想方設法達到這一點。

以上是修心圓滿的第一個標準。

【恆當依歡喜】

第二個標準：修心到了一定境界時，會恆時歡喜面對一切違緣，如同阿底峽尊者在《菩薩寶鬘論》中所描述的一樣。

【當自己從今以後能夠憑藉修心的力量，哪怕在碰到任何違緣障礙時，都有十足的把握能依靠修心教法而將惡緣轉為道用，則可

以說是修心圓滿的標記。】

從今以後，憑藉修心的力量，別人打我也好、殺我也好，我生病也好、死亡也好，不管出現任何違緣，都可以把握住自己，一方面不失毀道心，另一方面也不擾亂別人的心，這就是修心圓滿的標記。

【因此，無論遇到任何惡緣，我們都應當努力地去嘗試對這些惡緣生起欣悅之情，並在此基礎上毫無怯懦地領受他人的一切違緣。】

所以，無論遭遇何種違緣，我們都應嘗試訓練自己的心，以歡喜欣悅之心來面對它，以此心態為基礎，才能無懼於他人所造的一切違緣。

大乘佛法最殊勝的特點，就是令自己的心不被違緣所轉，並在遇到違緣時能馬上將其轉為道用。而在其他的教法中，違緣就是違緣，順緣就是順緣，二者的性質永遠不可能改變，修行人在這種情況下，要想修行成功是非常困難的。

【能散即圓滿】

這是第三個標準——心即使處於散亂之中，也能把握正知正念。

我們在剛開始修心的時候，先要離群索居，擯除一切外緣的干擾，過了一段時間，當認為相續中已經生起菩提心了，這時就可以到外面散亂的地方去檢測一下。

有些人自己單獨修行時，似乎可以將眾生的痛苦觀得非常真切，菩提心也修得不錯，但讓他去一些大的城市，看一些令心散亂的電視，用不了多久，原來的道心就退了，這說明什麼？說明他的修心還不圓滿，經不起考驗。反之，身處散亂，心中仍能守持正知正念，時時不忘菩提心，這才是修心圓滿的標誌。

【猶如一個精通馬術的人，即使心不在焉地騎著馬，也不會從馬上摔落一樣，當損傷、陷害等惡緣，在措手不及的情況下突然降臨，如果我們能自然而然地不生瞋恨之心，並將這些惡緣轉為修心的助伴，就可以算得上是修心圓滿的標誌。】

修菩提心就像學騎馬，是個循序漸進的過程。有些道友剛開始學騎馬的時候，全身肌肉僵硬，雙手死拽著韁繩不放，口裡還一邊大叫：「不要、不要，別……別把我摔下去！」而過了一段時間，馬術嫻熟了以後，那時無論在馬上怎樣折騰，都不會摔下來了。同樣，我們一開始修菩提心時，也是非常害怕違緣，經常時不時地祈禱：「上師三寶！空行本尊！各路護法！請一定要加持我、保佑我，千萬不要出現違緣！一旦出現的話，我的菩提心可能就保不住了！」但是，若能數十年如一日地串習，菩提心就會在我們相續中成為一種自然，到了那時，根本不用天天想「我是發了菩提心的人」、「我不能捨棄眾生」，自然會視一切眾生為自己的大恩父

母，即便出現了再難忍的磨難，也能不起絲毫嗔恨，而以悲憫心將這些違緣轉為修心的助伴了。達到了這種程度，說明我們的菩提心已經修圓滿了。

【我們應當廢寢忘食地努力修持，力爭達到以上標準。

這些修心圓滿的標準，只不過是修心法門在相續中剛剛生起的徵兆而已，所謂的「圓滿」並不表示從今往後可以不再修持此法。因此，即使出現以上這些修心圓滿的跡象，我們仍然還是要持續不斷地修持。】

雖然我們應當努力修持，盡量使自己具足以上標準，但是大家不要以為，圓滿這些標準就代表自己以後可以高枕無憂，再也不用修菩提心了。實際上，這些圓滿的標準只不過是修心法門在相續中剛剛生起的徵兆而已。就像有的人修頗瓦時，頭頂出了一點黃水、可以插進一根吉祥草，就認為自己肯定能夠往生，今後再也不用修頗瓦了。其實這種跡象只說明他現在的修行有了一點境界，至於是否能夠往生，關鍵還要看今後的修持如何。因此，在修心的過程中，如果暫時出現了一點驗相，也不能沾沾自喜、得少為足，而應以此為起點，繼續不斷地精進修持！

《〈修心七要〉耳傳略釋》講義

第六節課

（2005年7月12日晚上9時）

今天講第六個問題：修心之誓言。

我們在發了菩提心以後，像密宗的三昧耶一樣，也有一些不能違背的誓言——菩薩戒。很多論典在講菩薩戒時，主要側重於菩薩戒的開遮持犯等學處，而此處是以竅訣方式，勸勉我們應該如何修學菩薩戒。

甲六、（修心之誓言）：

【恆學三總義】

修行人應當恆時不斷地修學以下三種總義。

【所謂的總義可以分為三點，即：一、不能違背修心之諾言；二、不能過分放縱癲狂；三、不能墮於片面偏袒。（下面對這三個要點分別進行解釋：）

第一、我們一定要斷除那種自我標榜說「我是修持修心教法的人」，從而藐視一些細微學處的行為。在內心具備修心法門的前提下，也要竭力守護從別解脫直至金剛密乘所承諾的所有誓言或學處，令其不致犯失；】

發了菩提心以後，要盡量守護以前所受的別解脫戒、菩薩戒、密乘戒等所有誓言。然而，有些人認為「我是修大乘菩提心的，煩惱可以直接轉為道用」，還有人認為「我是無上密法的修行人，小乘的別解脫戒可

以不用守」，進而對一些細微的學處輕視、踐踏。要知道，這些學處雖然表面上看起來細微，但不注意取捨的話，因果報應也是非常嚴重的。

《毗奈耶經》中有個公案就說明了這個道理：有一天，釋迦牟尼佛來到恆河邊，見到那裡有泥鰍、青蛙、烏龜等五百條生命，於是慈悲為牠們開示了「有漏皆苦」等四法印，以此聞法功德，這些旁生死後皆轉生於四大天王天。當他們以天眼了知自己轉生天界的原因後，為了報恩來到佛前供養天花，佛陀又為他們開示了佛法，令五百天子皆獲得了真諦。當時有弟子請問這是什麼因緣，佛陀答道：「迦葉佛時，他們曾為出家比丘，由於對細微的學處不加重視，屢屢毀犯，以致最後墮入了惡趣。然以其在迦葉佛前出家的功德，故此世在我的教法中獲得了解脫。」由此可見，我們在釋迦牟尼佛的教法下出家，乃至守持居士戒以上的戒律，以此功德，未來彌勒佛出世時一定會獲得成就；反之，如果對細微的學處輕毀、踐踏，果報也是令人不寒而慄的。

另外，倘若以三寶為對境，即使隨隨便便說一句輕毀的話，果報也非常可怕。《百業經》中有個公案講道：佛陀有一次到恆河岸邊，見到那裡有五百個餓鬼，佛陀為它們傳授佛法後，它們全部獲得了解脫。有弟子問佛其中原由，佛陀答曰：「迦葉佛的時候，他們是五百個優婆塞（居士），有一次看到有比丘正在化緣，

於是譏諷道：『這些比丘天天從別人手裡要東西，簡直跟餓鬼沒什麼差別！』以此惡業所感，他們死後投生為五百餓鬼。」所以，大家平時說話、開玩笑一定要注意分寸，不要不經意間就造下輕毀三寶的罪業！

前幾天我聽一些居士說，網上對學院的個別出家人有各種評論，當時我就問他們到底說了些什麼，其中一個答道：「我們是居士，不敢說出家人的過失。上師，您老人家要想知道的話，可以到網上去看一下。」我當時心想：這個居士倒是懂一些因果，畢竟他是個在家身分，雖然網上對出家人有一些說法，但他自己卻不敢重複，以此說明他對因果的取捨還是比較注意的。

所以，如果我們認為自己是修菩提心的人、是學密宗的人，就可以隨便踐踏學處，這是非常不好的。不管我們以前曾在哪位上師面前，得過何種戒律，都應仔細守護，盡量不要違犯。當然，作為末法時代的眾生，煩惱習氣異常深重，想要作到戒律清淨無垢，這確實有點困難，但是最低的限度，也不能以修菩提心或學密法為由，故意去觸犯一些學處。

【第二、我們一定要斷除那種為了讓別人知道自己已經達到不珍愛自己、不執著自己的程度，而去砍伐神樹、與痲瘋病人相處等等之類的狂放行為。】

有些修行人以為自己剛發了菩提心，就已經變成菩

薩了，並且心想：「我現在已經斷除了我執，遠離了一切執著，這種境界我一定要讓成千上萬的人知道！」於是，故意跑到一些神山去砍伐神樹，或者到尸陀林扒下死人的衣服，穿在自己的身上。以前我們這裡就有個別修行人，成天裝著大成就者、大瑜伽士的模樣，到尸陀林去把死人的頭蓋骨撿回來盛東西吃，作一些瘋狂行為……要知道，一個人的內在修行如果沒有跟上見解的話，是根本不允許這麼做的。

現在也有類似情況，有些人說：「我是大成就者，可以吸煙，可以喝酒，而且經我加持過的煙，你們去吸的話，一定能獲得解脫。」如果他真是大成就者，我們也不好說，畢竟以前印度八十四大成就者的超凡行為，就是一般凡夫難以想像的；但是，如果自己沒有成就，反以這種形象來「度化」眾生的話，其結果除了令自己的貪心越來越增上，後世墮落惡趣以外，更會斷送了無量眾生的慧命。

所以，每個修行人應該清楚自己相續中的我執、貪執斷除了沒有？如果真的斷除了，也要想想這麼做別人能不能接受，對眾生有沒有利益？如果你以神通觀察到這種瘋狂行為別人完全能接受、對他們完全有利的話，我們也不敢妄加評價。然而，有些高僧大德為了護念眾生的心，保護他們相續中的善根，儘管自己的境界超勝了一切，但顯現上仍然持守清淨的別解脫戒，行為十分

如法。就像大恩上師法王如意寶，他老人家一生的行為，對任何根基的眾生都有非常大的饒益。可是現在寧瑪巴有個別修行人，不是大成就者，卻裝出大成就者的行為，打著「大修行人」的招牌，去做雙運、降伏、吸煙、喝酒等禁行。這些行為令世人對藏傳佛教產生了嚴重誤解，尤其在漢地寺院，影響極其惡劣，以致一些戒律清淨、注重威儀的出家人，根本無法接受密法。

所以，我們有些道友啊，你的行為一定要為佛教著想、要為世人考慮，不要僅僅為了滿足個人的欲望，而令人們對密法產生邪見，繼而惡意誹謗！

【我們應當按照仲敦巴格西在熱振寺所制訂的規矩，決不能與噶當派祖師們光明磊落的行跡背道而馳；】

當年熱振寺的規矩完全是按別解脫戒的要求來制訂的，而且這種傳統後來一直傳到宗喀巴大師，所以至今仍可以看到，在格魯派的每個寺院中，出家人的行為寂靜、穿著整潔，令人一見便能生信。不僅藏地如此，漢地歷來也有一些道場（如虛雲老和尚的雲居山），戒規非常整肅，威儀調柔如法，使很多世間人看了以後，自然就能對三寶生起恭敬心。

既然藏、漢佛教都有一些清淨的威儀，作為出家人，我們理當依此行持。可是，有些出家人自視修行境界很高，已經斷除了我執，遠離了淨垢的分別，所以天

天穿一件破爛不堪的髒衣服，扮成濟公和尚的樣子，覺得自己非常了不起。的確，從衣服破爛的角度，這種人是和濟公和尚沒什麼兩樣，但若從內在修行而言，他相續中的我執是否也像身上的衣服一樣破爛，這就不得而知了。倘若沒有這種境界，我奉勸這些人還是注意一下自己的威儀，效仿一下格魯派的如法行為。還有些出家人喜歡穿花花綠綠的衣服，讓人看起來不僧不俗的，其實這也不符合仲敦巴在熱振寺制訂的規矩，作為一名出家人，身上的衣服太過醒目，會讓別人看起來很不順眼。

　　一個修行人的威儀，不僅能從衣著上反映出來，也可以從他的住處體現出來。以前我去過格魯派的一些寺院，那裡非常整潔乾淨，每個僧人家中，也都收拾得井井有條，不像我們有些道友，家裡亂得一塌糊塗，不要說別人，就連自己也不想住進去。其實，作為一個修行人，即便自己的聞思修再忙，也應該能抽出一些時間來打掃屋子，哪怕你住的是一間草坯房子，把地面掃得乾乾淨淨，看起來也是非常舒服的。

　　所以，大家應該注意一下自己的威儀，看看各個方面是否如理如法。前一段時間，摩尼寶區有個人不知道是不是精神有點問題，有一天我看見他居然作了很多不雅的動作，如果精神有問題，這種舉動還可以理解，但若精神正常的話，我想這種人住在學院也沒有多大意義。要知道，現在漢地的一些普通學校，學生們的威儀

都會令人見而生喜，倘若我們佛教徒的威儀卻沒有半點莊重，又怎能讓世人對佛法生起信心？

大城市的在家人喜歡追新潮、趕時髦，今天穿牛仔褲、明天穿喇叭褲，今天染黃頭髮、明天又弄成卷卷頭，一天三變對他們來說純屬正常。而相比之下，佛教的戒律威儀，卻延續了2500年也從來沒有改變過，所以，作為出家人，我們實在沒必要去模仿在家人，把自己弄得不倫不類。在這一方面，尼眾的某些行為不太令人滿意——今天有人買了一件漂亮衣服，明天就可能有二十多個人也要去買。我希望你們不要去學這些，要想學的話，就學中觀、因明等這些知識，一個人若對自己的外表太過重視，肯定不是個真正的修行人。

因此，你們的衣著整齊乾淨就好，不要太扎眼、也不要太破爛，去年我在講《三戒論》的時候，就曾再三強調過這一點，你們不能聽後就忘了，而要在實際行動中去真正行持。國外有些高僧大德，僅僅依靠自己的威儀穿著，就能令成千上萬的人生起信心，這是為什麼？因為注重威儀不是某個人、某個上師的教言，而是釋迦牟尼佛親自制定的，我們若能真正依教奉行，就可以積累利他的無邊資糧，也能為自己的今生來世帶來不可估量的利益。所以，作為寧瑪巴的修行人，雖然見解上遵循龍猛菩薩的中觀意趣，但在行為上，我們一定要仿效菩提薩埵的別解脫律儀。這點請大家務必要注意！

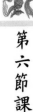

【第三、我們應當唾棄那些只能承受人類予以自己的傷害，卻無法忍受鬼神之類的傷害；或是對尊貴人物畢恭畢敬，對卑微之人卻輕慢欺侮；或是對親人悲憐慈愛，對仇敵橫眉冷對之類的偏私行為，而應當鍛煉培植出對一切眾生的平等心。】

世間很多人對不同的眾生都有不同的態度，比如一些人對人類的損害可以忍受，但對鬼神等其他眾生的傷害卻沒辦法接受，就像某些道友，院子裡來了人便笑臉相迎，可如果來的是犛牛，就開始用石頭打；還有些人對上面的領導畢恭畢敬、卑躬屈膝，甚至打電話時也點頭哈腰，可一看到自己的下屬或比較卑微的人，馬上就判若兩人，氣焰囂張得不可一世了。

其實，作為發了菩提心的人，要對所有的眾生一視同仁，絕不應該如此勢利。關於這一點，我們學院就做得不錯，學院經常強調在商店、醫院等處發心的人，對所有的人要一律平等，不能一看到大活佛、大堪布，就蜂擁而至、體貼周到，而遇到一個普通的人，任他在一旁等了半天，叫破了喉嚨，自己的眼皮也懶得抬一下。我在這裡並不是說你們有過類似情況，只是提醒大家：這種行為，在學院是嚴厲杜絕的！

社會上的人也許覺得這有點小題大做，因為在他們眼中，這類現象極其正常。去年藏地有個著名的演員，就表演了一個小品，將這種人的嘴臉表現得淋漓盡致：上級來電話時，他使出渾身解數，極盡巴結奉承之能

事；下屬來電話時，他官腔十足，對其百般呵斥責；而與自己平起平坐的人來電話時，他又故作姿態、故弄玄虛……看了這個小品以後，令人感觸很深，其實這種諂上輕下的弊病，世間幾乎每個人都有，但是作為一名大乘修行人，如果我們也這樣卑上亢下、對眾生不平等的話，說明自己相續中的菩提心根本沒有成熟，相反，如果真能做到對所有的眾生一律平等，則表明你的菩提心已經修得非常不錯了。

此外，這裡還講到了另一種情況：有些人對自己的怨敵恨得咬牙切齒，而對自己的親友又慈悲得太過分了，這種兩極分化也是不應理的。按理來說，親與仇只是因為各自的因緣不同，才在我們面前如是顯現而已，實際上二者是完全平等的。如果我們實在無法達到這一點，也應該思維：「作為一個發了菩提心的修行人，親怨平等是菩薩戒中非常重要的學處，倘若我連這個都做不到，那菩提心又怎能於相續中生起呢？」

以上種種不平等的心態，需要我們用菩提心的修法來加以轉變，如果大家能堅持不懈地串習，相信十幾年以後，眾生平等的境界一定會在相續中生起來的。否則，若沒有菩提心，哪怕天天念阿彌陀佛、蓮師心咒，也不屬於真正的大乘修行人。

有些人聽了此話以後可能會滿不高興，但不高興也沒有辦法，事實本來就是這樣。不然的話，你可以觀察

一下自己的相續：自己對親人如何、對仇人如何，對上面的人如何、對下面的人又是如何⋯⋯這一點不需要問別人，自己就是自己最好的見證。我不知道別人是怎樣的，但我自己返觀內心，經常覺得非常慚愧：學了這麼多年佛法，相續中的習氣竟然還是那麼多、那麼嚴重！所以不管是誰，我們每個人都應好好學修這部論典。

以上講的就是，要對眾生培植出一種平等心。

【轉欲自穩重】

將以前珍愛自己的所有念頭，全部轉變為愛護別人的念頭，而且自己的修行也應穩重自主。

【從今以後，我們應當將以前珍愛自己、重視自己的念頭轉為珍愛他人的念頭，使自己的言行像如法行事的同道一樣穩重。】

發了菩提心以後，我們要把所有的眾生都當作「自己」來看待，以前如何執著、愛護自己，從今以後，也要同樣地珍愛眾生。

同時，自己的言行舉止應該如理如法，仿效某些道友的穩重自持。

【所有的修心都不應該注重炫耀表面的形式，而應將內在的本質作為首當其衝的關要。作為修心者，應當在他人毫無察覺的情況下，默默無聞地使內心逐步成長起來。】

《〈修心七要〉耳傳略釋》講義

修心的關鍵在於內在本質，而不在於表面的形式，然而，現在大多數人正好相反，他們認為外在形象是首當其衝的關要，如果形象上搞得好，得到了大家的好評，就說明自己的修行非常不錯了。比如，現在有些居士為寺院做了一點功德，他的大名很快就被登在「功德榜」上，張貼出來人盡皆知，那個居士此時也會洋洋得意，自我感覺良好。其實這種膚淺的炫耀，並沒有實際意義。恰卡瓦格西曾說：「修行應該從內心上下手，倘若變成了表面形象，將會令人深感惋惜。」法王如意寶的金剛上師托嘎如意寶，生前曾毫不聲張地把所有錢財都拿來供燈以積累資糧，而毫無意義的表面形式，他老人家卻從來不感興趣。所以，我們在修心過程中，關鍵是看自己的「內在本質」——利他菩提心成熟了沒有，如果沒有成熟，不管表面上如何行善、做什麼樣的宣傳，也都跟某些外道的一些善舉沒有多少差別。

　　修心時不僅應避免一些表面的炫耀，還要學會默默無聞、韜光隱晦。對於真正生起菩提心的人來說，即使自己相續中有很多功德，也沒必要讓每個人都知道，這時的他不管到哪裡、做什麼事情，都能利益無量眾生，這是最關鍵也是最重要的，至於表面的譏毀、稱譽，對他而言根本無關痛癢、無足輕重。所以，我們現在的當務之急，就是在無人覺察的情況下，讓自己的相續先成熟起來，否則，如果心中充滿了自私自利，外在的善行

即使再做得轟轟烈烈，也都只是皮毛影像而已，沒有什麼真正的意義。

這部《〈修心七要〉耳傳略釋》文字不多，但其中的內涵卻非常深奧。如果只看一遍、只聽一遍，不一定能對自相續起到很大的幫助，所以我們應該經常思維其中的內容，今年看、明年也看，以此對照自己的相續，改正以往的過失，這樣才能令菩提心逐漸逐漸成熟起來。畢竟我們不是犛牛而是人，不管接受什麼樣的教育，都能對自己產生一定的影響，以前世間的那些哲學、外道邪說都能在我們心中留下痕跡，更何況是這些正理的教育了？所以，大家只要依靠本論所講的大乘醍醐，不間斷地受用修持，利他的菩提心遲早都會在相續中生起的！

【不應說缺陷全莫思他過】
不要妄評他人的缺陷，也不要思維別人的過失。

【對於他人在世間方面諸如盲眼之類的缺陷，以及在佛法方面失毀戒體之類的過失等等這些不中聽、不悅耳的話，都不要妄加評說。】

在世間方面，對於肢體殘缺、諸根不全的人，如聾啞、目盲等，不要當面對人家品頭論足，或者背後將他人的缺陷當作開玩笑的談資。在出世間方面，如果某個

修行人有戒律不清淨、與上師有矛盾、聞思跟不上等種種過失，我們也不能肆意妄評，信口開河。《佛子行》中說：「以惑談他菩薩過，則將毀壞自功德，故於大乘諸士夫，不說過失佛子行。」所以，入了大乘道的修行人，千萬不要隨便談論別人的過失，否則失壞了自己的大乘菩提心，就太不值得了。

【在看到一切眾生，特別是已經跨入佛門的修行者的過失時，也要清醒地意識到：這是因為自己的心不清淨所導致的，他人不可能有這種過失。從而斷除挑剔別人毛病的心思。】

第六節課

對於任何一個眾生，我們最好都不要說他的過失，包括犛牛、山羊等旁生也是如此，《極樂願文大疏》中講過，以前有個人給犛牛起了一些很難聽的綽號，結果為自己帶來了巨大的損失。所以我們要盡量對眾生說愛語、觀清淨心，尤其是對已入佛門的大乘修行人，就更不能隨便挑剔過失了。因為別人的相續，以我們的肉眼是根本看不出來的，倘若對方已經發了菩提心，相續中也完全具足了對眾生的大悲心，那不管他的表面行為如何，也都是一位真正的菩薩，若以菩薩為對境，進行毀謗、尋求過失的話，學過《入行論》的人都知道，這個果報有多麼可怕。

常聽有人說：「這個人肯定很壞，因為我看他以前幹過什麼什麼事……」其實即使以現在最精密的儀器來

測量，往往都會產生一些偏差，那以我們有限的肉眼、無明的分別念來判斷一個人的好壞，其可靠性就更不待言了。看到他人的不好，實際上是自己的心不清淨所致。比如，一塊髒兮兮的鏡子，由於上面污點斑斑，顯出來的東西肯定是面目全非，同樣，如果在我們心的鏡面上，充滿了種種習氣垢染，那麼無論看到誰，也都會覺得他有很多毛病，怎麼看都不像是好人。完美如釋迦牟尼佛那樣三界無比的量士夫，在提婆達多、飲光外道等具邪見者眼裡，不也是個有各種醜相、行為不如法的凡夫嗎？佛陀的金剛語本無任何過失，但仍有許多人認為佛法是一派胡言、是封建迷信……由此可見，假如一個人的心不清淨，外面的世界就會是顛倒的顯現。

所以，一切的一切，關鍵都是心在起作用。如果一個人的心不清淨，就會時常疑神疑鬼，覺得周圍的人都在欺負他，甚至看他一眼，也覺得人家的眼神大有問題，似乎是在蔑視自己，進而怒不可遏，處處與人為敵。相反，倘若一個人的心很清淨，視每個人都是佛菩薩，那麼即使有人無端刁難，他也覺得是大菩薩在以此方便來消除自己的業障，於是心安理得地接受一切。所以，外境的好壞，根本在於心的假立，明白了這個道理以後，就應斷除挑剔別人過失的習氣，即使心中生起不好的念頭，也要立刻懺悔、對治。

【先淨重煩惱斷一切果求】

【我們在觀察自相續中的煩惱之後，如果發現哪一種最粗重，就全力以赴地集中一切教法去對治這種最粗重的煩惱，並盡力將其扼殺於襁褓之間。】

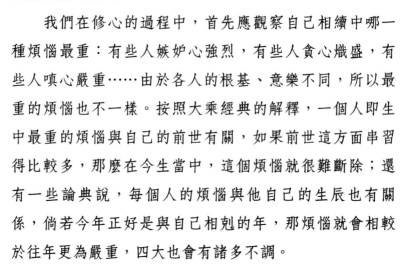

我們在修心的過程中，首先應觀察自己相續中哪一種煩惱最重：有些人嫉妒心強烈，有些人貪心熾盛，有些人嗔心嚴重……由於各人的根基、意樂不同，所以最重的煩惱也不一樣。按照大乘經典的解釋，一個人即生中最重的煩惱與自己的前世有關，如果前世這方面串習得比較多，那麼在今生當中，這個煩惱就很難斷除；還有一些論典說，每個人的煩惱與他自己的生辰也有關係，倘若今年正好是與自己相剋的年，那煩惱就會相較於往年更為嚴重，四大也會有諸多不調。

但不管怎麼說，煩惱的產生既不能完全歸咎於前世的業力，也不是僅僅因為一些偶爾的因緣，而應把所有的因素都綜合起來作為參考。為什麼呢？無垢光尊者在《如意寶藏論》中說：如果一切事情皆歸於前世的業力所致，那麼人殺猴子也不會有過失了，因為這是猴子前世的業力現前。同樣，相續中的煩惱也是如此，有些人說：「我的嗔心特別重，這是因為前世的業力，所以現在沒辦法改變。」其實不一定是這樣的，去年我們在學《俱舍論》時講過，煩惱的產生一方面是由於前世的業力，另一方面也是由於眾生的某些暫時因緣。倘若我們

能以大乘教義為增上緣來對治的話，斷除瞋心是根本沒問題的。

在了知了自己哪種煩惱比較嚴重以後，我們就要針對這種煩惱，在其剛剛露頭的時候，盡量把它鏟除於襁褓之中。舉個例子來說，假如自己相續中的瞋心很重，就要依照前面講的「迷亂直接觀為四身」等教言，通過觀察瞋恨心的本體，將瞋心立即滅除。如同焚燒屍體時，要在下面堆滿柴火才能焚盡無餘一樣，只有將自己所學的小乘、大乘、大圓滿等種種「木柴」，盡量堆集在瞋心煩惱的「屍體」上，才能把它統統燒乾淨。

以上講的是「先淨重煩惱」。

【至於希望依靠修持修心教法，而使自己能得到今生的名聞利養等等；或者來世的人天安樂；或者使自己能證得涅槃等等之類的，自私自利的所有想法，都必須徹底根除。】

這裡是講「斷一切果求」。

有些人修心只是為了今生的名聲、地位、財產；有些人則是為了來世的人天安樂；還有些人是為了自己能解脫輪迴，獲得聲緣、佛陀的涅槃果位……其實這些想法都違背了修心的誓言，充其量只是中士道而已。

前面也再三強調過了，如果只是為了自己能成佛、明心見性、往生極樂世界而修行，根本不考慮眾生的利益，這種只為「果求」的發心，實際上是一種顛倒思

維。有人不禁要問：「我一心一意念佛，想往生極樂世界，有什麼不對？你怎麼敢說這是一種顛倒思維？」其實這也沒什麼不敢說的，如果只希望自己快快樂樂，和阿彌陀佛的關係很好，吃的也有、穿的也有，一看到娑婆世界的家庭社會，各種關係非常複雜，就想一個人趕快躲到極樂世界去，把所有的眾生置之腦後、棄之不顧，這本來就是一種顛倒的希求。

我們不管修淨土宗也好，修密宗也好，無論修哪一種法門，都必須要把「眾生」帶上，眾生才是我們發願的總目標，倘若捨棄了眾生，大乘的味道就一點兒也沒有了。這一點請大家務必要記住！

【捨棄有毒食莫學重義氣】

這次法會期間，我們每天雖然講得比較多，大家也比較累，但所講內容卻是極其殊勝的。希望你們這次回去以後，一定要把這些教言當作一輩子的修行要點來行持。

我看現在很多人真的是修錯了——修淨土宗的人沒有菩提心，修錯了；修大圓滿的人沒有菩提心，同樣也修錯了。倘若連最基本的菩提心都沒有，一天到晚只是自私自利地學佛，那麼學了一輩子，也不會得到究竟的解脫。

通過學習這部論典，也許你們以後會開始注重菩提心。其實菩提心也不難修，只要我們在行任何一件善法時，常常提醒自己應以利益眾生為宗旨，如此一點一滴

在相續中積累，逐漸逐漸菩提心就會生起來。常住的道友，今年已經用將近六個月的時間學完了《釋迦牟尼佛廣傳》，你們若能將《廣傳》中的內容與《修心七要》的竅訣結合起來，那麼就會如麥彭仁波切所說的，達到糖與蜂蜜圓融一味的效果。在學院長期聞思的道友，相信大家基本上都明白菩提心的重要性，所以在這裡，我主要針對的是那些長途跋涉來學院參加法會的居士們，你們以前吃了那麼多「有毒的食物」，倘若不加緊治療、猛厲對治的話，臨命終時一定會特別痛苦的！

【夾雜著執著諸法實有，夾雜著看重自己、珍惜自己心態的所有行善，都像有毒的食物一般，因此，我們必須要去除這些念頭。】

大家應該清楚，不管念觀音心咒、還是誦經禮佛，無論做什麼樣的善法，即使表面上有再大的功德，只要沒有想到眾生，百分之百都是為了我的名聲、我的利益、我的快樂、我的解脫……這實際上和飲用「有毒的食物」沒什麼差別。

此處「有毒的食物」，比喻夾雜自私自利心的各種善行。現在很多在家人普遍都有類似的情況：他們供養、布施、放生、修建寺廟，一切的積善做功德，都是為了自己一個人能遠離痛苦，獲得解脫。如果發心是這樣的話，即使他們每天都在做善法，但沒有以菩提心攝

持，其結果也最多是個人天福報。同樣，出家人也應該注意這一點，現在漢傳佛教的寺院，每天早上三、四點鐘就開始做功課，一直是佛號不斷、梵音繞梁，然而他們心裡到底為眾生想了沒有？如果有的話，這種精進確實值得隨學；但如果沒有，每個人都在為了自己而修行，那就是一個最大的錯誤，應當儘早改過來！

以上說的是「捨棄有毒食」，下面開始講「莫學重義氣」。

【如果有人對我們造成了傷害，我們也要斷除那種睚眥必報、耿耿於懷，無論何時都無法排遣仇恨，（總想著「君子報仇，十年不晚」的那種世間人所讚許的義氣。）】

世間人非常講究「重義氣」，如果有人曾經害過自己的親友，就一定想方設法幫他們報仇雪恨。我在《旅途的腳印》中就講過，有個人為了報殺兄之仇，放下家中的一切事務，帶著隨時可能燃燒的仇恨，揣著槍和刀子，風餐露宿、披星戴月地遍尋仇人，他曾揚言：「哥哥是我最親的人，即使一百萬也抵不上他的一根小指頭。此仇不報，我誓不為人！」若以世間人來看，他對自己兄弟的義薄雲天，簡直像《水滸傳》裡講的一樣，令人讚歎不已、非常羨慕，然而從發了菩提心的角度來說，這種行為就值得聖者呵斥了。作為大乘修行人，即使自己的親人慘遭殺害，我們也不能起點滴的報仇之

第六節課

念，畢竟殺人者也是一個眾生，他是在煩惱的驅動下才這麼做的，我們如果傷害他的話，就會違背佛陀所有的大乘教言。

這個道理對某些道友來說，可謂耳目一新、聞所未聞，也許有人還會想：「這怎麼行呢？別人殺了我的父母，我要是不報仇的話，今後怎麼在世人面前抬得起頭來？」對此，法王如意寶教導我們：就世間想法而言，保護自己的親戚朋友、降伏不共戴天的怨敵，確是值得讚歎的英勇行為，但從大乘佛法的角度來講，我們必須要對所有的眾生一視同仁，不能有絲毫的親怨執著！

【莫發粗惡語勿候險阻處】

發了菩提心的人不能說粗語、惡語，也不能在別人遇難的時候落井下石、趁火打劫。

【我們絕不能說那種為了報復他人的惡毒語言而刺傷他眾的話；即使他人有過失，我們也不說「這是他罪有應得！」之類的話語。】

「莫發粗惡語」，就算別人真有哪些地方做得很過分，我們也不應該為了報復而揭露他人的過失，或者在別人遇難時，不僅不幫忙，還要說些冷嘲熱諷、不中聽的話。

【即便他人對自己造成了一些傷害，我們也要捨棄那種時刻懷恨在心，一旦復仇的時機降臨，就立即「報仇雪恥」的行為。】

假如某個人以前對我們造成過傷害，自己沒有機會報仇時，雖然表面上按兵不動，但卻一直耿耿於懷、懷恨在心，直到某一天，趁對方力量薄弱時，馬上揭竿而起，連本帶利地追討回來。就像有些人一樣，平時不管跟誰都嘻嘻哈哈，似乎沒什麼矛盾，可是一遇到機會，不要說金剛道友，就算是曾給自己傳過法的上師，他也會把新仇舊恨一筆算清，甚至還在別人面前說：「我早知道他的人面獸心了，只不過以前給你們暗示過，但大家都沒有在意。知道嗎？他以前還做過什麼什麼……」然後扳著手指，一個一個開始數。這種卑鄙的行徑在世間人眼裡，也許司空見慣、不足為奇，但是修行人畢竟與世間人不同，如果我們也像他們一樣乘人之危的話，怎麼能稱得上是大乘佛子呢？

什麼是「候險阻處」？比如一個人要想殺害敵人，他就要選擇有利的地勢，候在「一夫當關，萬夫莫開」的險處，趁敵人不備，將其殲滅，以此可以引申為某些人為了報仇，處心積慮以待時機。以前在「文革」時期，常可以看到這種事情：一個上師平時對弟子們管教太嚴，無意中得罪了某人，這個人很可能趁「批鬥」時大做文章，對這個上師揭發檢舉，陷上師於悲慘的境地……那個年代的歷史，我想不必多言，大家也非常清楚，這種做法，對於發

了菩提心的人來說,是極不應理的!

【莫刺要害處載莫移牛】

不要故意刺傷他人的要害,也不要將本該牛馱運的貨物,移嫁到黃牛身上。

《修心七要》的內容,看起來還是有點難講。雖然這一次我講得比較急,但以後方便的時候,堪布、堪姆們每年應給大家傳講一遍,這樣對你們來說,收穫會非常大的。

【絕對不要去做當眾揭發他人過失、持誦致命咒語傷害非人等等之類的,凶狠殘害其他眾生的行為。】

「莫刺要害處」,首先講到我們不要當眾揭露他人的過失。有些道友平時揭別人短時,滔滔不絕、辯才無礙,簡直是這方面的天才!即使別人沒有招惹到他,他也會吹毛求疵,對人大放厥詞。具有這種「美德」的人,能否算一個大乘的修行人?你們自己應該在心裡掂量掂量。

這裡還講了,我們不能念一些降伏猛咒,去傷害非人等凶殘的眾生。聽到這兒,有人也許會問:「你們密宗不是也有一些降伏咒嘛,這該作何解釋?」的確,密法裡是有一些降伏咒語,但這是在具足菩提心的前提下才能使用的,而且其結果必須是完全利益眾生。此處所

講的，並不是以大悲心為出發點，而是以瞋心、害心等為由，持誦猛咒來傷害眾生。所以，由於發心與結果的不同，二者絕不能相提並論。

我聽說有些道友在看到「阿修羅」的一些舉動以後，非常不滿，私底下以瞋心念了很多降伏咒來對付他們。要知道，作為一名大乘修行人，不管是對人還是非人，這種行為都是絕對禁止的。若有違犯，必將會徹底毀壞菩薩戒的命根！

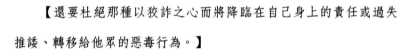

【還要杜絕那種以狡詐之心而將降臨在自己身上的責任或過失推諉、轉移給他眾的惡毒行為。】

「載莫移牛」，意即牛背的貨物，不要轉移到黃牛身上。此喻說明，本來是自己的過失，就不能惡意嫁禍於人，讓別人替自己背黑鍋。

今天我在處理一些糾紛時，一個道友懺悔說：「千錯萬錯，都是我一個人的錯，當天發生的事情，都怪我不好……」事後我想：他這種勇於承認錯誤的態度還不錯，假如明知道自己犯了錯卻不敢承認，一口咬定是別人的過失，自己什麼毛病都沒有，這樣就不是一個真正的修行人。平時我在處理一些問題時，如果每個人都能像他一樣，不講自己的功德，只講自己的過失，所有問題就很好解決了。

在修行過程中，最可怕的魔就是內心的我執魔，一

第六節課

旦我們被這個魔控制，就會始終覺得自己做什麼都對，別人做什麼都不對。記得我們前面講過，朗日塘巴格西說：「所有的甚深教法，都是將所有的過失歸於自己，而將所有的功德賦予尊貴眾生。」這一點，世間那些自私狡詐的人肯定做不到，但作為發了大乘菩提心的修行人，你們是否能做得到呢？

【不好強爭先斷除諸邪命】

不要爭強好勝，要斷除一切邪命養活。

【我們必須驅除那種通過千方百計，而將與人共有的財物受用歸於己有的心態與行為。】

比如在賽馬時，每個參賽者都想盡量把對手甩在後面，自己一個人遙遙領先，同樣的道理，在同一個場合中，有些人千方百計、不擇手段地利益自己，排擠他人，所有名聲、財富、受用等好處，都由「我」一個人獨自占有，千萬不能讓旁人分得一杯羹。這種惡念，就是這裡所講的「好強爭先」。

【更要棄絕那種為了讓自己得到究竟的利益，而暫時先讓他人獲利得勝，自己吃虧失敗；或者為了滅除惡魔或疾病而去修心之類的、有計謀、有條件的自私行為。】

此處提到了兩種更應唾棄的行為：有些極其狡詐的人，為了自己能獲得究竟的利益，暫時讓一點蠅頭小利

給別人，以作為「放長線釣大魚」的誘餌。就像社會上的某些生意人，動不動就聲稱「跳樓價」、「買一贈一」、「虧本大甩賣」，表面上似乎是顧客占到了便宜，但實際上，他自己一點兒也沒虧，早就囊中鼓鼓、一本萬利了。

還有些人，修心只是為了消滅自己的疾病或魔障，至於其他眾生，根本不在考慮的範圍之內。這種自私自利的行為，我們也必須要根除。

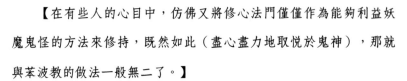

【在有些人的心目中，仿佛又將修心法門僅僅作為能夠利益妖魔鬼怪的方法來修持，既然如此（盡心盡力地取悅於鬼神），那就與苯波教的做法一般無二了。】

這句話是說，我們若將修心法門當作利益鬼神的方便，就與苯波教沒有什麼差別了。這是什麼意思呢？《大圓滿前行》中講，苯波教以新鮮的血肉為供養，通過念誦一些儀軌，暫時取悅一些鬼神，使它們願意為自己效勞，以成辦某種利益。同樣，如果我們也是以修心為代價，為了讓自己健康、發財，而念誦一些儀軌、供養諸佛菩薩，那麼這種「為自己而盡力取悅聖尊」的舉動，就與苯波教無二無別了。

既然不能以自己的利益為出發點來念經，那我們生病或遭遇到違緣時，應以什麼樣的心態念經呢？正確的心態是這樣的：由於我的一切都屬於眾生，所以如果我

身體健康對眾生有利，就請三寶加持我疾病痊癒；如果我生病對眾生有利，就請三寶加持我的病千萬不要好。如果有邪魔鬼魅來加害我，也願我能依靠誦經的功德，滿足它們的一切所需⋯⋯

按貢智仁波切的講義，這句話還有另一種解釋：「斷除諸邪命」是指斷除一切邪見、邪修、邪行。所謂「邪見」，指的是常見、斷見；「邪修」是將本來不正確的修行，誤認為是正確的修行；「邪行」指將違背戒律的行為，當作是應該遵守的行為。以上這三種邪命，我們全部要一一斷除。

【而作為真正的正法，是必須能夠對治自己的煩惱與妄念的。】

【天莫淪為魔】

天尊切莫淪落為魔眾。本來天尊是用來恭敬供養的，但如果沒修好，就會變成給自己帶來違緣的魔眾。

【世間人都說：如果不恭敬自己的神，神就會傷害自己，這樣一來，天尊也就淪為魔鬼了。同樣，如果我們通過修心，反而使相續中的我慢、驕傲不斷增長，那麼這個（修心之）法就變成非法了。】

世間很多天尊神靈因為不是修行者，所以就很容易

《〈修心七要〉耳傳略釋》講義

被得罪，如果時時對他恭敬有加，他就會照顧你；倘若一天沒有好好恭敬，天尊就可能會反過來傷害自己，同樣，正法本來是對治煩惱的一劑良藥，可如果沒有抓住修行的竅訣，依靠正法不僅無法調伏煩惱，反而會成為增上嫉妒、傲慢的近取因。這樣一來，如同天尊淪為魔一樣，修心的法也就變成非法了。誠如帕單巴尊者所說：「若不如法而行持，正法反成惡趣因。」

在此提醒大家，我們供護法應選擇正規的護法，要麼是佛菩薩的化身，要麼是被佛菩薩調化好的世間鬼神。像格薩爾王、單堅等大圓滿三大護法之類的護法，我們就可以放心地供養，對這些護法，即使因為某種緣故而中斷供養，他們也不會降罪於我們，而其他偶爾會給我們帶來某些暫時利益的世間護法就很難說了。所以，在選擇護法方面，我們一定要慎重。

【依靠修心教法來修習的目的，就是為了能調伏自己的相續，如果心相續反而因我慢而變得剛愎自用、頑固不化，則是根本沒有領略到正法關要的表現。這就如同魔鬼從東方來加害，而我們卻把替身品、贖命物送到西方的做法一樣。】

《開啟修心門扉》中也有這個公案：我們遣魔的時候，理當把替身品、贖命物送到魔鬼來的東方，如果南轅北轍，本該送到東方的東西卻送到了西方，那就沒有辦法遣除魔障的危害了。同樣的道理，修心是為了調伏

相續中的煩惱，但如果方向搞錯了，沒有針對「我執」下手的話，不僅無法遣除煩惱，反而會令自己的煩惱更加增上，相續也會變得更頑強難化了。

　　大家看起來似乎非常困了，那我就把後面的部分直接念下去吧……

　　【因此，我們必須要對症下藥，徹底地斬除珍愛自己、執著自己的心念，將自己視為與所有眾生的僕人一般低賤。

為樂莫求苦

　　如果在自己的親朋好友等等去世的時候，自己想到的卻是「這下他的衣食、財物、法本等等終於可以歸我所有了」；在施主生病或死亡的時候，自己卻在盤算「他們一定會來以供養而行善積德，（我便可以從中獲利了）」；在某位與己相當的修行者離開人世之際，自己也認為「現在就只有我一個人有福報了」；在敵人死亡的時候，也幸災樂禍地想著「他從今以後再也不會來禍害我了，這是多麼稱心如意的事啊」……上述諸類為了自己的快樂，而希望他人痛苦的想法，我們務必要斬草除根。】

　　所南德義檀嘉熱巴涅……（迴向偈）

第七節課

（2005年7月13日晚上9時）

今天講《〈修心七要〉耳傳略釋》的最後一個問題
——修心的學處。

一般來說，學處和誓言雖然稱呼不同，但意思都一
樣，而此處它們的角度略有差別，誓言主要從「破」的
方面講，學處是從「立」的方面講的。也就是說，前幾
天講的誓言是提醒我們在發了菩提心以後，有些事情不
能做，而這裡講的學處則告訴我們有些事情必須要去
做。這就是二者之間的差別。

這次的《〈修心七要〉耳傳略釋》講得不是很詳
細，一方面是因為時間的關係，另一方面，晚上講課的
效果也不是特別好。但不管怎麼說，我們只有今天、明
天兩堂課了，希望大家能夠善始善終、專心聽講。

甲七、（修心之學處）：

【諸瑜伽攝一】

「瑜伽」是指日常的言行舉止、所作所為，「攝
一」就是全部歸攝於利他的菩提心當中。

【我們還應當修學令修心之法不但不退失，而且要不斷增長的方
法。所謂「諸瑜伽歸一」的意思，就是指修心者在修持包括飲食、穿
衣等等在內的所有瑜伽中，都要以利益其他眾生的念頭攝持。】

以前沒有生起菩提心的話，應想盡一切辦法使它生起，生起以後，不僅要讓它不退失，還要通過各種方法使它增長。怎麼增長呢？就是「諸瑜伽攝一」，即在平時的行住坐臥中，所有的威儀都要有利益眾生的念頭。無論是穿衣、吃飯，還是走路、睡覺，甚至包括上廁所，不管是好的還是壞的行為，都要以利益眾生的菩提心來攝持。比如說，早上起來，洗臉時應該想：「當願眾生，得淨法門，永無垢染」吃飯時想：「當願眾生，禪悅為食，法喜充滿」……平時不管做任何一件事情，首先想到的就是利益眾生。

然而，現在大多數人恰恰相反，無論遇到什麼事情，第一個想到的絕不是眾生而是「我」，例如「今天我要出門辦事，請上師加持我順利」、「我在路上時，請保佑我不要出車禍」……這就是大多數人最不好的一個習氣毛病，做任何事情都是自私自利的發心，這對於修行人來說，是非常不應理的。所以，我們必須要改變原有的習慣，一切威儀都以菩提心來攝持。當然，剛開始的時候，可能往往記不得發心，或者在做事過程中把利他的心忘了，這些情況比較常見，但若能以正知正念長期串習的話，最後所有的行為都會不離菩提心的。

真正具有菩提心的高僧大德，無論處於什麼環境和地位，都不會捨棄利他的菩提心。比如，當他被眾人恭敬讚歎時，不會認為我是多麼了不起；當他貧窮困苦，

甚至被關在監獄裡時，也不會考慮個人的安危，考慮的只是眾生的利益，願自己所受的苦可以代替一切眾生的苦，而且在監獄裡還為眾生傳法，開示取捨的道理。大家都知道，在整個世間，最惡劣的環境當屬監獄了，如果一個人身陷囹圄都能不捨菩提心的話，那在快樂或平庸時，也肯定不會捨離菩提心的。

所以，我們應該經常觀察自己的行住坐臥能不能以菩提心來攝持，如果能的話，也用不著天天手拿念珠，嚷著非要閉關不可了。

在這一點上，高僧大德與我們凡夫是不一樣的。以前我和上師如意寶去國外時，遇到一些風景優美的花園，他老人家似乎和大家一樣，也會對馥郁的鮮花、雅致的環境讚歎一番，但與我們不同的是，上師對這一切毫不貪戀執著，而且還以菩提心攝持，將這種快樂迴向給一切眾生。由此可見，發了菩提心的高僧大德，不管是在什麼場合下，都與普通人不相同，他們能把所看見的、所接觸的外境全部用上，沒有一個不是用來修菩提心的。他們痛苦也好、快樂也好，到漢地也好、到藏地也好，在城市也好、在鄉村也好，一天24 小時從來沒有浪費過一分鐘，全部都在修菩提心。可我們呢？心情好的時候，能修上一段時間；心情不好時，就根本不修了，尤其是遇到一些比較可怕的違緣時，不僅菩提心的影子找不到，而且修行的行為也可能會完全捨棄。這就

是沒有修煉的緣故。

【遇違緣修一】

在遇到違緣時，唯一應該修什麼呢？就是利他的菩
提心。

【我們在修持修心教法之際，如果出現因罹患疾病、魔鬼障
礙、他人憎恨以及自己的煩惱更為猖獗等等，而令自己不想繼續修
持修心教法的時候，就應當思維：在這個世界上，有許許多多的眾
生都在承受著與自己一樣的災難，從而對他們生起不可抑制的慈悲
之心。】

修行的時候，作為欲界眾生，不可能一生當中完全
一帆風順，沒有任何違緣。有時會不幸患上癌症、肺
炎、肝炎等疾病；有時會遭遇到人或非人的魔障侵害；
有時心情沮喪，覺得每個人都看不起自己、歧視自己；
有時候相續中的煩惱特別猖狂……遇到這些情況，很多
人都不想修了，甚至認為：上師三寶一點兒都不加持
我，像我這麼倒霉的人，未來又有什麼希望呢？還不如
就此墮下去吧，算了吧……

當自己對自己非常失望時，大乘修行人應該這樣思
維：在這個世界上，有許許多多的眾生正蒙受著和我一
樣的災難，願我來代替他們的苦，使他們遠離災難，
永遠快樂。誠如《佛子行》中所說：「貧窮恆常受人

《〈修心七要〉耳傳略釋》講義

欺，且為重疾惡魔逼，眾生罪苦自代受，無有怯懦佛子行。」

講了這麼多天的修心教言，你們遇到問題時應該多多少少能用上一點吧！可是昨天剛講的內容，現在用不上的還是大有人在。剛才有個老年人給我打電話：「上師，我現在非常痛苦，又生病、別人又欺負我，您能不能給我找出一個解決的辦法呀？」其實，不要說是我，就算是諸佛菩薩，除了這個辦法以外，也沒有別的辦法了，於是我對他說：「你可以觀想自他交換，代一切眾生受苦啊！」那個老人聽後回答：「這個辦法也對，但我想……應該還有一個行之有效的方法吧？不然的話，怎麼還這麼痛苦呢？」一方面可能是這個老人的業力現前，另一方面也是由於他沒有以這些修心的法要來調伏相續，總以為從別的地方吃點藥、得個加持，依靠某種物質的力量，就能消除自相續中的煩惱。其實，這是一種錯誤的觀念。

那正確的觀念是什麼呢？當身患重病、別　人也欺負自己的時候，應當這樣想：「願一切眾生的疾病、痛苦，以及所有不愉快的事情，全都集中在我的身上，讓我一個人來承受痛苦。」這就是《修心七要》上上下下最根本、最唯一的竅訣！

有些道友這幾天聽了這部論以後，覺得對調伏自己的相續很管用，下課後紛紛來我面前致謝，感謝我能傳

這麼好的法。我想的確如此，這麼好的法門，如果大家好好聞受修持的話，對自己一定是有幫助的。第一堂課我在給大家介紹無著菩薩時說過：無著菩薩的金剛語，沒有一句不讓人生起菩提心的，所以上師如意寶以前就非常想講無著菩薩的《入行論．善說海》；我剛來學院時，在一位堪布座下聽輔導，他老人家也很喜歡背無著菩薩的論典，常聽他讚道：「無著菩薩的教言對人們的相續非常有幫助，它能令我們很快就生起菩提心。」

　　在座的道友，不知道你們這一次有沒有真正生起菩提心？如果沒有，那能不能想到：「菩提心真是非常難得，雖然現在沒有生起，但是我一定要在不久的將來，想盡辦法讓它在自相續中生起來。」其實，世俗菩提心對我們來說，生起來也並不困難。如果是證悟勝義菩提心，或者通達無上大圓滿的光明覺性，這對我們凡夫俗子來說是有點難辦，可世俗菩提心，只要你方法掌握了，在此基礎上反覆串習，我想在相續中產生也不會難如登天。

　　【並進一步觀想：但願能將這些眾生的所有災難全部聚集在自己的相續……從而修持自他相換。】

　　當自己正在感受痛苦時，要知道，世界上還有成千上萬的眾生也在感受著和我們一樣的痛苦，此時應該發願：通過修自他相換的力量，誓願代一切眾生受苦。

《〈修心七要〉耳傳略釋》講義

釋迦牟尼佛因地時曾轉生為匝哦之女，因踢過母親的頭，後來墮入了地獄，當他在地獄中感受鐵輪飛頂的痛苦時，他發願：「世界上無數和我一樣因忤逆母親而感受這種痛苦的眾生，但願他們的痛苦都由我來代受。」以此菩提心的功德所感，他死後轉生到了天界。這個公案充分說明，我們在值遇痛苦和災難時，唯一能解救自己的，就是利他的菩提心。

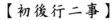

【初後行二事】

「初」指早上，「後」指晚上，「二事」是指願菩提心和行菩提心，或者世俗菩提心和勝義菩提心。這個頌詞的意思是說，無論早上還是晚上，我們都不能忘記修持這兩種菩提心。

【在每天早上，我們應當以「今天無論如何都不能離開兩種菩提心」的動機來帶動所有的行為；在白天，也要時時刻刻以這種正知正念來攝持；晚上睡覺前，我們也應該對當天的行為加以反省，如果發現有違背菩提心的做法，就要狠揭猛批自己的過失，然後勵力懺悔，並且發誓：「今後一定要杜絕這種情況的發生！」；如果沒有發現違背菩提心的做法，就應當在心中生起歡喜，並且發願「我今後仍然要像這樣修持。」】

早上起來時，應該想：「今天所做的一切，最好不要離開菩提心，也不要做違背菩提心的事情。」以這種

心態來帶動白天的一切行為。《大圓滿前行引導文》中也講到，早上的時候，我們不要像犛牛從牛圈裡爬起來一樣，馬上就起床，應該好好思維昨天晚上做了什麼夢，如果是善法方面的夢，就應隨喜功德並作迴向，如果是不好的惡夢，則要精進懺悔。在白天，也應時時刻刻以菩提心來攝持自己的言行。到了晚上，不要在無念的狀態中，倒在床上就蒙頭大睡，而應在臨睡前，坐在床榻上，想一想白天都做了什麼。如果一天的所作有違背菩提心、違背正法的，就要猛厲呵斥自己，並以慚愧心而進行懺悔；如果做的事情都是利益他人的，則將一切功德迴向給眾生。這樣的話，一天的所作所為就決定不離菩提心了。

有些道友平時關在家裡，與人不接觸的時候，似乎菩提心修得還可以，但是一出門接觸人，很快就因為看不慣他人的舉動，而使自己的菩提心搖搖欲墜了，為了避免這種情況，就乾脆不敢出來，誰也不願意接觸。其實這種行為是不可取的。大乘的發心是利益眾生，在此過程中難免與人接觸摩擦，若想避免對人挑三揀四從而失壞菩提心的話，就應該像昨天講的那樣，唯一對他人觀清淨心、對自己觀過失心，一生起惡念，馬上就狠狠自責、勵力懺悔，發願從今以後一定要杜絕這種情況的發生。

倘若我們不僅沒有危害眾生，反而還幫助了他們，

這時就要生起歡喜心，發願今後仍如此行持。前天我和齊美仁真堪布放生回來，就遇到了這樣的事情：當時齊美仁真堪布已經很累了，但看到商店門口有個六七十歲的老太太撿了很多紙箱子卻背不動時，他不顧自己的疲勞，馬上跑過去幫她背……雖然表面上看來這只是一個小小的行為，也就是世間人所謂的「學雷鋒」吧，但從這些微不足道的行為中，卻可以看出一個人的內心如何。世間的助人為樂，經常帶著很多功利色彩，比如，能給我帶來好處的人，我就願意幫他；而對我無利無害的人，則根本不搭理，但修行人與此截然不同，無論對自己有沒有好處，只要眾生有困難，都願意無條件地去幫助。

到了晚上，還應該反省一下當天的所作，看看自己在白天都做了哪些事情：有時候會發現自己的行為很不如法；有時候會覺得一天下來收穫很大，該背的經論也背了，該聽的法也聽了，沒有損害任何道友，還救了一隻瀕死的小螞蟻；有時候一天的行為都處於無記當中，除了一日三餐以外，什麼善事惡事也沒有做，一直是渾渾噩噩的……這幾種現象，哪些該取、哪些該捨，我們心中必須要有數。

第七節課

【二境皆應忍】

無論順境還是逆境，一旦出現後，就都要學會安

154

忍。

【在眷屬、財物等等十分圓滿富足的時候，我們應當不驕不躁地將這一切了知為如幻，並盡可能地將其轉化成利他的方便；】

以下講了在我們面前將會出現的兩種對境。第一種是順境：由於前世的業力，或者今生的一些方便，有些人不僅眷屬眾多，財富、地位、名聲、權勢異常圓滿，而且也有無數的人對他恭敬讚歎，覺得他非常了不起。在這個時候，大多數凡夫人都禁不起外界的誘惑，覺得自己春風得意，進而生起傲慢心來。其實這是不應理的，要知道，現在的這點福報，若與以前的轉輪聖王、多聞天子相比，簡直如蟻穴般低劣淺陋，而且，福報的本性是無常的、有漏的，享受完後就消失無存了，既然如此，這些暫時的東西又有什麼可驕傲的呢？所以在遇到順境時，應盡量將這一切觀為如幻如夢，並盡可能地以自己所擁有的財富地位來利益眾生。

然而可憐的是，有些人儘管家財萬貫、富可敵國，卻從來也沒有想過要利益別人。前段時間，我和慈誠羅珠堪布去了一個地方，當地有個非常出名的有錢人，名下擁有幾十家豪華賓館，但他從來不供養三寶，也不修建學校，只是把賺來的錢不斷投資再建新的賓館，幾十年來一直樂此不疲。當時我想：「現在有那麼多孩子讀不起書，如果他願意拿出自己一個月的盈利，也能建一所學校，讓幾百個孩子有書讀。可惜的是，他根本不願

意積這個福報，還在一門心思地只為賺錢，如今他已經六十多歲了，如果再不抓緊時間為後世多積點資糧的話，一旦大限來臨，來世一定會非常可憐。」

不僅有錢人如此，現在的有權人也是同樣，他們雖然擁有高官厚祿，但卻沒有想過利益眾生，所擁有的權勢僅僅是為了自己獲得今生的安樂而已。所以有時想想，法王如意寶真的是非常了不起，他老人家利用自己的名聲、地位、修證等，將我們這些可憐眾生從無明的黑暗中解救了出來，如果上師也像那些人一樣只顧自己的話，我們是得不到什麼利益的，如同天空中雖有太陽，但若被烏雲障蔽，地上的萬物也無法依靠陽光茁壯生長一樣。

在座的道友中，將來能擁有名聲、財富、勢力的，肯定會大有人在。如果你們得到了這些，希望能有個很好的打算和安排，除了維持自己的生活以外，應該盡量利用這些名聲、財產來利益無邊眾生。這是最重要的！

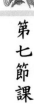

【在衰落頹喪到除了地上的流水以外，再也沒有比自己的處境更加落魄潦倒的地步時，也要了知這一切也是如同幻覺，並毫不畏縮地觀想由自己來領受其他眾生的沒落衰敗。】

這裡講的是如何面對逆境：有些人儘管昔日非常風光，但是否有一天會淪落到除了地上的河水外再也沒有比自己更低下的人了呢？這很難說。假如真有這麼一

天，也不能一蹶不振，而應堅強起來，了知這一切如同幻相，並毫不畏縮地觀想由自己來領受其他眾生的沒落與衰敗。

在「文革」期間，很多高僧大德就是這樣，當他們被眾人批鬥時，依舊默默無聞地修行，觀想一切如夢如幻，並進行自他交換；批鬥結束後，他們又將剛才的功德，全部迴向給一切眾生。試問，當我們處於這種境地時，能否也有這麼大的勇氣？可能一般的世間人早就癱在地上，爬也爬不起來了。然而作為修行人，是絕不能退縮、畏懼的，應觀想世間所有眾生的痛苦，心甘情願地由自己代受。

這種心態，不僅對出家人很重要，對世間人也同樣重要。世間人在生意、名聲等方面非常輝煌的時候，會意氣風發、躊躇滿志，然而一旦遇到挫折，比如聲譽敗落、公司破產等，他們便會想到自殺。叔本華曾說過：「如果一個人對生活的恐懼，超過了對死亡的恐懼，那他肯定會選擇自殺。」我覺得這句話說得很有道理，的確，一個人在現實生活中，如果再也沒有生存下去的勇氣了，那必定會選擇死亡。當然，對於一個修菩提心的人來說，這種情況就另當別論了，生意破產沒什麼，感情失敗也沒什麼，不管遇到何種打擊，都有將其轉為道用的竅訣，都有令自己重新站起來的力量。

《〈修心七要〉耳傳略釋》講義

【捨命護二事】

「二事」是指總的誓言（三種戒律）和分別的誓言（本論所講的修菩提心的戒律）。對於這兩種誓言，縱然捨棄生命，也應當盡力保護。

【如果沒有總的誓言，尤其是如果沒有修心教法的誓言，今生來世就不可能得到快樂。因此，我們應當以生命來捍衛、守護這兩種誓言。】

「總的誓言」在貢智仁波切的講義裡解釋得比較清楚，即別解脫戒、菩薩戒和密乘戒，這三種誓言在修行當中不可缺少；分別的修心誓言（前面已講過）也非常重要，倘若捨棄的話，就不可能獲得今生和來世的快樂。所以，我們應當以生命來守護這兩種誓言。

以前有無數的高僧大德，縱遇命難也不捨棄這些誓言。《大圓滿心性休息大車疏》中引用過一個教證：「為了身體可以捨棄自己的財富，為了生命可以捨棄自己的身體，為了佛法可以捨棄自己的生命。」財產、身體、生命、佛法這四者相比，價值大小有一定的差別：一般來說，身體比財產重要，為了保護自己的身體，我們可以不惜花費鉅資，甚至傾家蕩產；生命又比身體重要，為了保住生命，情願截掉身體的一部分；最後是佛法比生命重要，為了護持正法，就算犧牲生命也願意。因此，為了守護佛法中的這兩種誓言，我們縱捨生命也

第七節課

應在所不惜。

如何才是失毀誓言呢？在一切菩薩行中，「不捨眾生」是最關鍵的，如果捨棄了眾生，自己的誓言就不清淨了。所以，守護誓言的落腳點就是：寧捨生命，不捨眾生。如果修行只是為了自己的解脫，而不是為了利他，這種心態就已經失毀誓言了。

【當學三種難】

應當修學以下三種困難。

【在煩惱初生之際，首先能夠認知是非常困難的；中途制止、對治煩惱的過程，也是十分困難的；最後斷除煩惱的相續，就更是相當困難。所以，我們應當為了能夠在煩惱萌生之際便立刻察覺，中間以生起對治力而加以斷除，最後令這些煩惱不再生起而精勤努力。】

這三種困難分別針對的是煩惱的三個階段。第一、在煩惱剛萌芽的時候，能認知它非常困難。很多人都認為自己是好人，根本沒有認識到相續中還有嫉妒、貪心、嗔恨等毛病，就像世間人常說的：「別人臉上有隻小蝨子，自己能看得出來；自己臉上有頭犛牛，卻不一定能看得出來。」這個比喻充分說明了，即使自己的過失再大，也不一定能認識得到，因此，在煩惱初生的時候，認識它是相當困難的。第二、煩惱生起來時，雖然

認識到了，但採取措施把它斷除，也很困難。比如正在生嗔心的時候，觀菩提心不行，修大圓滿也不管用，由於平時的串習力微弱，此時什麼教言都排不上用場，對治起來異常艱難。第三、把煩惱的相續完全斷盡，就像燒壞的種子無力生芽一樣，更是難上加難了。

既然初、中、後有這麼多困難，那我們應該怎麼辦呢？煩惱初生之際，先要馬上察覺它，然後依靠正知正念的寶劍，將它消滅在萌芽之中，正如《佛子行》所說「煩惱串習難對治，執持正知正念劍，貪等煩惱初生時，立即鏟除佛子行」；中間通過各種方法，加大力度與煩惱作戰，當然，對治煩惱最好的方法是大圓滿（認識煩惱的本性，將五毒轉為五智），其次是修自他交換，觀想所有眾生的煩惱集中在自己的相續，直接將貪心、嗔心轉變為利他的菩提心；然後就是根除煩惱的種子，令其一斷永斷，不再生起。

斷除煩惱的方法是否都一樣呢？並非如此。《中觀四百論》云：「貪有從因生，亦有從緣起，從緣所起貪，易糾治非餘。」也就是說，有些煩惱是依靠往昔串習的同類因而生，有些是從與境相近的緣而起。從緣所起的煩惱容易對治糾正，比如離開這些外境緣，住在寂靜的地方等；而由因所引生的煩惱，若想真正斷除，只有在獲得聖地時方可。因此，煩惱的產生方式不同，對治的方法也不相同。

第七節課

修菩提心時，不僅要學習三種困難，還要積聚三個主因。

【修法的主因包括：第一是要能夠遇到具德的上師、善知識；第二是要讓自己的心能夠具有勝任的力量，以便自己能進一步如法地修行；第三是要聚集一切修行所需的順緣。】

在修心的過程中，有三個主因必不可少：

第一、依止一位具有法相的善知識。尤其是當我們修學大乘菩提心的時候，所依止的上師相續中必須要具有利他的菩提心。在座道友除了極少數的人以外，大家幾乎都見過法王如意寶，也親聆過他老人家的大乘教言，雖然上師現在示現了圓寂，但我們在有生之年，能遇到像他老人家那樣真正的大菩薩，這是非常有福報的，也可以說是具備了第一個條件。

第二、讓自己的心具有勝任的力量。「勝任的力量」，就是所謂的心堪能，具體而言，是指對大乘教言有強烈的信心，能忍受修行中的種種磨難，並有戰勝一切煩惱的勇氣。有些人雖然皈依了多年，且每天都在聽法，但相續始終都會產生一些粗大的煩惱，或各種各樣的分別念，自己的心不能與法相應，這就是心沒有勝任的力量或者心不堪能。要想成為真正的大乘修行人，從自身的角度，心只有與法相應，才能堪為法器。我看在

《〈修心七要〉耳傳略釋》講義

座大多數人應該都具備這一點吧，你們不僅對大乘行菩薩道的教言很有信心，而且也能在相續中完全接受，這就是第二個條件的特徵。

第三、要聚集修行過程中所需的順緣，如飲食、住處、衣服、法本等等。如果這些不具足，修行也是非常困難的。比如，自己本來已經遇到了很好的上師，心也特別相應於佛法，但由於沒有生活來源，或者沒有住的房子，或者沒有學習的法本，以致無法在這個寂靜的地方繼續生活下去，最後不得不到城市中化緣求生，這就是不具備第三個條件所致。

因此，如果真要修持菩提心，就應像《竅訣寶藏論》中所說的，必須具足一定的因緣和資具。什麼是因緣和資具呢？就是這裡所講的三種條件。倘若這三樣都已經具足，那麼修行人的基本條件，就可以說是圓滿了。

常住的道友們也應該好好觀察一下，自己是否具足了這三種條件，如果已經具足了，這是非常非常難得的。尤其是遇到善知識這一條，世間人幾乎都不具足，因為現在的邪師邪教太猖獗了，很多人根本不信佛教，即使信了，也不見得能遇到真正的善知識；就算遇到了善知識，但自心對佛法始終存有邪見，故而沒有機會成為法器；如果遇到了善知識，自心也與佛法相應，可又會因為沒有生活來源，而無法安心辦道，因此，我們若

第七節課

能圓滿具足這三個條件，就應生起極大的歡喜心才對。

【如果這三個主因自己都能具足，就應當心生歡喜，並祈願其他眾生也能具足這三個主因；如果自己不具足這三個主因，就應當觀想：在這個世界上，像我一樣因不具足這三個主因而不能修持正法的眾生實在是太多了！並繼而對它們生起強烈的大悲心。】

如果具足了這三個主因，就應當心生歡喜，並發願祈禱：「但願所有的眾生都能像我一樣，有機會具足這三個條件。」發願對我們來說很重要，如果現在沒有發願，將來很多事情不一定能夠成熟。以前我說過，所有的大乘發願都包括在《普賢行願品》中，其實它還可以涵攝在利益眾生與弘揚佛法當中。利益眾生、弘揚佛法是什麼關係呢？從因明的角度來看，它們不是單獨的兩個他體，而是一本體、異反體的關係。只要利益了眾生，那就是弘揚佛法，沒有利益眾生的話，就不叫弘揚大乘佛法。因為佛陀除了利益眾生以外，根本沒有別的事業，所以大家在發願的時候，如果提到了「受持大乘教法」或者「利益無量眾生」，就已經包括了大乘的一切發願。

如果不具備這三個主因，或者上師不具足，或者生活資具缺乏，或是心不堪能，無法成為法器，如整天生活在煩惱中，上師傳講教言的時候，每講一句，他都能生起一個邪見，看所有的道友就像敵人一樣，似乎周圍

的人都在恨自己⋯⋯這個時候可以觀想：「在這個世界上，像我這樣因不具足三個主因而不能修持正法的眾生實在是太多了！」進而對它們生起強烈的大悲心。

【並進一步真誠地觀想：但願它們不具備三主因的過患全部能成熟在我自己的身上，使它們都能具足三種主因。】

這種發心非常偉大，對一般人來說，也是極其困難的。沒有這種發心，即使你再有能力、再有勢力、再有智慧，也沒辦法利益眾生。人生極其短暫，希望大家以後不管遇到什麼環境、處於什麼場合，心裡唯一意念的，就是利益眾生。

可是，只有一顆利益眾生的心還遠遠不夠，有些人成天坐在床榻上，翻著眼睛高唱：「我要利益眾生！為了度化一切眾生⋯⋯」但實際行動全部都在利益自己，這種發心就喪失了它原有的意義。所以，發了多大的心，就要在實際行動中去做多大的努力，哪怕是一點點的事情，我們也要盡量做到。

在這種智慧的前提下，「我」在這個世界上就會變得非常渺小、不值一提。以前有個道友問我：「上師，以後學院萬一沒有了，我該怎麼辦？您老人家要是不在世了，我又該怎麼辦？⋯⋯」我認為只要有了利益眾生的心，學院沒有也好、我不在了也罷，對自己都不會有太大的影響，相反，如果念頭裡全部都是「我」該怎麼

第七節課

辦，除了這個以外，怎樣利益眾生、怎樣弘揚佛法，想都沒有想過，就是最不好的心態了。

你們有的人也許以後有弘法利生的因緣，有的人也許沒有，但即使你只是一個小小的尼眾，就算只能到自己的家鄉利益三四個人，也應該盡心盡力地去做。只要有了這顆心，今後佛法就一定會在很多地方遍地開花的。可是，有些人利益眾生的心根本沒有，他們念念不忘的只是：「如果學院沒有了，上師不在了，這個時候我的衣食問題怎麼辦呢？我生起煩惱的時候怎麼辦呢？我看不懂經文怎麼辦呢？……」一切的一切，都是圍繞著「我」而進行。雖然作為一個凡夫人，有時也不得不考慮這些，但如果眼光僅僅盯在「我」的利益上，而沒有拓展到一切眾生，這就不是一個大乘修行人的風範。

記得去年在講第二世敦珠法王的《教言精髓》時有這麼一句話：作為修行人，有眷屬也好、沒有眷屬也好，有名聲也好、沒有名聲也好，這一切都不重要，唯一重要的是，在沒有獲得佛果之前，千萬不能捨棄利他的菩提心。這一點，相信學了半年《釋迦牟尼佛廣傳》的人，應該都有深深的體會吧。

大家住在學院的時間有多長，誰也無法確定，要想一輩子都像現在這樣能夠聽經聞法，也是不現實的。每一個人都有他各自不同的業力，業力的風一吹起來，自己必定會隨著它四處飄蕩。在飄蕩的過程中，如果你心

《〈修心七要〉耳傳略釋》講義

中有一顆金子般珍貴的利他心，則無論飄到哪裡，都會發出閃閃的金光；反之，如果沒有這顆心，相續中只是遍滿了自私自利的話，將會像《忠言心之明點》中所說的「自欲樂生三界苦」，永遠都沒有安樂、解脫的機會。

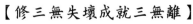

【修三無失壞成就三無離】

應該修持三種無失壞：對上師的恭敬心不能失壞，對修心教法的信心不能失壞，對所承諾的誓言不能失壞。「成就三無離」指身、口、意三門不能離開一切善行。

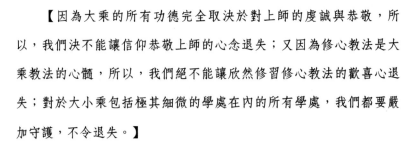

【因為大乘的所有功德完全取決於對上師的虔誠與恭敬，所以，我們決不能讓信仰恭敬上師的心念退失；又因為修心教法是大乘教法的心髓，所以，我們絕不能讓欣然修習修心教法的歡喜心退失；對於大小乘包括極其細微的學處在內的所有學處，我們都要嚴加守護，不令退失。】

第一、不失壞對上師的恭敬心：不僅在金剛密乘中需要視師如佛，大乘顯宗在講菩提心的教言時，實際上也承認一切功德、加持的來源就是上師。對於這個問題，格魯派的格西用過一個很好的比喻：如果絨草和太陽之間沒有了火鏡，絨草便無法燃燒起來，同樣的道理，我們與佛陀之間如果缺少了上師，就不可能得到佛

陀的真實加持。因此，歷代祖師的傳承、一切佛陀的加持，無一不是來源於上師，沒有上師的大恩加被，我們相續是不可能生起無偽的菩提心的。比方說，釋迦牟尼佛已經為眾生轉了三次法輪，但若沒有上師如意寶的攝持，沒有上師給我們傳講大乘菩提心的要點，也許在座的各位就無緣皈依佛門，或者即使已經皈依了，也不一定有通達大乘菩提心竅訣的機會。因此，上師是一切功德的來源，我們對上師的恭敬心不能夠退失。

第二、不失壞對修心教法的歡喜心：所有的大乘佛法中，修菩提心是最重要的精髓，如果能專修此法，其餘什麼法都不修也是可以的。華智仁波切曾說：「修心修心自修心，若以菩提心修心，無有一分身語善，解脫道外別無處。」意思是，我們一定要好好修心，而修心的關鍵就是修菩提心，只要相續中有了菩提心，即使身口一點善法也沒有做，這個人的結果除了解脫道外也沒有別的去處了，所以，菩提心是一切大乘教法的精髓，是一切大乘教法的核心，倘若退失了對修菩提心的歡喜心和信心，那說明我們的修行肯定是有問題了。

有些人認為，有沒有菩提心並不重要，修扎龍、生起次第，或者敲鑼打鼓地開個法會才比較重要。現在社會上的人特別喜歡一些熱鬧場面，但熱鬧不是真正的修行，噶當派的祖師們就不喜歡熱鬧。他們喜歡什麼呢？喜歡觀自己的心，默默無聞地讓內心成熟起來，從加行

《〈修心七要〉耳傳略釋》講義

到正行之間，一直靜靜地修行，而不願意向外吹噓任何功德。我們以後在修行過程中，也一定要這樣隨學，別人知道也好，不知道也好，關鍵是讓自己的利他心慢慢在相續中培養起來。

關於這一點，我還要提醒大家：在修菩提心之前，一定要修共同前行，比如人身難得、壽命無常、輪迴過患、因果不虛等等，這幾個必須要反反覆覆地修好。沒有修好的話，表面上你可能會顯現一些境界，但這是不穩固的，以後遇到一點點違緣，它就會像肥皂泡一樣，終究必然破滅，一點實質也沒有。相反，如果把加行的基礎打好了，每個要點也觀修得非常深入透徹，密法的一些境界就很容易在相續中生起來了。所以，在座的道友啊，我們現在傳講《大圓滿前行》已經有半年多了，之所以講得這麼慢，就是想讓大家慢慢地把加行的基礎打好，這個基礎打好了，其他的正行和理論方面的問題就很容易搞懂了。

以前在「文革」期間，藏傳佛教有相當一部分人不管遭到多大的摧殘，他們的心也不會退轉，原因是什麼？就是以前的加行修得好。如果我們也能把加行修得特別穩固，那以後即使遇到了再大的違緣，自己的修行也不容易退失了。

第三、不失壞所承諾的誓言：這裡的誓言指的是戒律，包括別解脫戒、菩薩戒和密乘戒的所有學處。由於

戒律是一切功德的基礎，因此我們要嚴加守護，不令其退失。

【我們還要分分秒秒不離開身、口、意三門的善業。】

宗喀巴大師的一個弟子叫華吉沃西（大師的親傳弟子，如法依止了大師十二年），他所造的《修心七要．日光疏》中對這一句話是這樣解釋的：身體不離開磕頭、轉繞等一切善法；口中不離開持誦心咒、讚歎別人功德；心中發起無上的菩提心，如此身語意三門時時要與善業相應。

【於境修無偏遍且深修習】

對於任何對境，不管是有情、還是無情，都應該平等無偏地修大悲心。同時，這種大悲心不能只停留在口頭上面，而應在內心深處真正地修持。

【對於外境的眾生以及非眾生的器世間，我們都要毫無偏頗、一視同仁地以修心法門應對；】

對於人和非人等一切眾生，以及地水火風四大所組成的器世間，我們都要一視同仁地修菩提心。有人聽了以後會問：「對於有情眾生，我是可以修菩提心和大悲心的，但是對四大等無情物，我怎麼修菩提心呢？」

其實這裡的「修菩提心」，指的是依靠修心法門來

《〈修心七要〉耳傳略釋》講義

對待。比如說，當自然界四大不調，出現一些嚴重災難時，沒有修行過的人就會怨天尤人；前一段時間這裡下暴雨，有些道友的房子出現裂縫，就罵老天爺不長眼；還有冬天的爐子生不著火時，修行不好的人也會大發雷霆，抱怨一氣……對於這些情況，我們都要以修心法門來加以對治，這就是「於器世間修悲心」。

【對於內心所出現的一切，都應當以修心來涵蓋，並且不能僅僅將這些停留在口頭上、言詞中，而是要深入徹底地將其融入心坎深處。】

對於內心所出現的一切念頭，都應該做到以菩提心來攝持，不僅如此，還要將利他之心融入到心坎深處。

以前恰卡瓦格西在接近圓寂時，突然說道：「有點不對了，我原來想的不是這樣！」並吩咐旁邊的色瓊瓦：「你趕快幫我在佛像前做供養，我要重新發願。」色瓊瓦聽後大惑不解，問及其中原因，恰卡瓦格西答道：「我本來想在臨死的時候，將所有眾生的痛苦變成一個黑團，融入自己的心間。可是剛才當我看到極樂世界時，竟然生起了想要往生的念頭，這是完全不對的，所以我要重新發願。」

大家想一想，如果你們在臨死的時候，往生極樂世界的徵兆已經出現了，這時你們會怎麼樣？肯定會高興得不得了，一心念佛求願往生。可是恰卡瓦格西卻沒有

第七節課

170

這麼做,因為他唯一的願望就是利益眾生,幫助眾生擺脫痛苦。在他的發願文中,可以看到:「凡是見到我、接觸我、聽到我聲音的所有眾生,但願他們能夠迅速圓滿如來正等覺的佛果。」他時時刻刻都在為了眾生而發願,所以當見到極樂世界的瑞相時,能毅然決然地捨棄自己往生,而選擇代一切眾生受苦。這種至高無上的境界,就是這裡所講的「將利他之心徹底融入心坎深處」。

【於屬境恆修】

面對嚴屬的對境,也應恆時修持菩提心。那麼,什麼是嚴屬的對境呢?

【對於自己的競爭對手、勢均力敵的同伴、自己未曾加害對方,而對方卻來傷害自己的以及因業力牽引而讓自己打心眼裡討厭的眾生等很難讓自己生起慈悲心的對象,我們更應當特別地修習慈悲心。】

對於自己的競爭對手,對於與自己等同的人,甚至對那些無端傷害自己的人,都應當專門修習慈悲心。

有些道友可能是由於前世傷害過別人的原因,今世經常沒有任何理由,就被一些人特別恨、特別討厭,遇到這些嚴屬的對境時,我們更應該難行能行、難忍能忍,以慈悲菩提心來對待他們。

【對於上師以及父母等嚴屬對境，我們更是要斷絕那種傷害他們的想法和行為。】

上師以及父母，這些都是嚴屬的對境，在顯現上不管他們對我們如何，我們也不能生起絲毫的瞋恨心，或者傷害他們的念頭。

【不依賴他緣】

修心的時候，不應該隨外在的因緣而轉。也就是說，外在的因緣如果具足，自己就好好修行，一旦不具足了，就放棄修行，這種做法是完全不合理的。

【我們不需要觀待擁有衣食等等資具，無有人與非人的傷害，以及身體健康等等順緣的具備。在這些順緣不具足時，我們就要以兩種菩提心而將這種不具足轉為道用。】

修心不應該觀待外在的因緣。比如說，有些人吃的也有、穿的也不愁，既沒有非人的損害，身體也很健康，當這些順緣都具足時，修行會日進千竿，看起來非常不錯；然而一旦衣不蔽體、食不果腹，人與非人天天加害自己，以至於百病纏身的話，原來的修行馬上就退了。作為真正的修行人，千萬不能這樣。按理來說，身體好的時候，應該修菩提心，身體不好的時候，更應該堅強地修菩提心，天熱也好、天冷也好，早上也好、晚上也好，順境也好、逆境也好，我們都要始終如一地堅

持修心,不應該隨著外境而轉。

世間有種說法:「豐衣足食時是修行人,遭受違緣時是庸俗人。」這句話用在這裡也很恰當。前幾年學院遭受到違緣時,很多人都被嚇跑了,一直音信全無,至今已經三四年了,他們的房子、衣服還在那兒,但其本人卻生死未卜;相反,有一部分人在外面的違緣越來越猖狂的時候,修行不僅沒有退步,道心反而越來越堅固、越來越強盛了,這種經得起考驗的人,才是真正的修行人。

【今當修主要】

現在我們應當修最主要的。

大家都知道,佛法包羅萬象、博大精深,若想在短暫的一生中把它全部修完,是根本不可能的,因此應當選擇一個最適合自己、最有意義的法門,作為一生當中修行的核心。

【從無始以來,我們以業力所得到的所有身體都沒有絲毫價值,為了讓今生今世能活得有意義,就需要修持一個主要法門。】

無始以來,我們得到過無量無數的身體,但都是讓它沒有意義地白白空耗了,阿羅漢、菩薩的境界,是一點點都沒有得到過,否則的話,煩惱也不至於像現在這樣深重。今生,我們又重新獲得了人身,還遇到了大乘

佛法，為了使自己活得有意義，就一定要修持一個最主要的法門。什麼是最主要的法門呢？從密宗的角度而言，修大圓滿是最好不過的，但在這裡暫且不談，先主要講如何修大乘菩提心。

修心之前，先觀察自己的發心是為了自己、還是為了眾生？若是為了自己解脫，修心的利益就不會很大，故應為了眾生而修。若為眾生修的話，那是為了他們即生的利益而修、還是為了來世的利益而修？應該是為了來世的利益而修。在這兩個條件的基礎上，以下還有幾個對比：

【與現世的利益相比，正法是主要的；而在講法與修法二者當中，修法又是最主要的；而與其他的修法相比，修菩提心又是最主要的；在修菩提心方面，與依靠教理進行修持相比，依靠上師口訣而潛心修持又是最主要的；而與其他修行的威儀行為相比，坐在臥榻之上進行修習又是最主要的；與捨棄外境相比，依靠對治法又是最主要的。我們應當盡力修持以上這些主要法門。】

第一、對我們來說，現世的利益重要、還是修持正法重要？當然是修持正法重要。現在很多世間人認為，今生發大財、工作順利、家庭美滿等事情非常重要，其實學過經論的人都知道，這些瑣事並不重要，利用這個難得的人身，修持解脫正法才是最重要的；

第二、在修持正法當中，它又分講法與修法兩種，

那麼給人講法重要、還是以菩提心攝持的修法重要？應該是修法重要。當然，給別人講授佛法，佛經中也經常讚歎功德，如云：即使自相續中沒有點滴功德，若能為人傳講佛法，也有不可思議的利益。可真正與菩提心的修行相比，應該還是修行最重要。

第三、在修行當中，修菩提心重要、還是修其他的法重要？所有的修法當中，除開大圓滿以外，當然是修菩提心最重要。每個人都有自己的修法，比如修本尊、修金剛橛、修風脈明點……這些法若沒有菩提心的攝持，就會像《文殊根本續》中所講的公案一樣，修法徒成惡趣之因。

第四、修菩提心時，上師的口訣重要、還是經論中的教理重要？當然是上師的口訣重要。如果依靠教理修持，《入行論》、《集學論》等論著中的教理那麼多，我們一生也無法學完，但若依靠上師的口訣來修（《〈修心七要〉耳傳略釋》就是無著上師的竅訣），則可歸攝所有的大乘修行為一個要訣，使人輕而易舉地就能明白修心的關鍵所在。

第五、在依上師的口訣時，坐在床榻上修習重要，還是其他的威儀重要呢？坐在床榻上修習重要。不然，在人群中一邊說話，一邊修菩提心，作為初學者，肯定是不能成功的，所以，初修菩提心的時候，最好採用閉關的方式，如果沒有這種條件，那每天坐一兩個小時觀

修，對自己來說也很有幫助的。有些人非常喜歡坐禪，早上坐，晚上也坐，但你們的坐禪是不是入於一種無色界的定了？這就不好說。我認為這些不是特別重要，觀修菩提心才是最重要的，世俗菩提心如果生起來了，再在此基礎上念佛、坐禪，才能達到真正的效果。

第六、在床榻上修習時，捨棄外境重要、還是對治煩惱重要？對治煩惱更重要。《入行論》中說：「何需足量革，盡覆此大地，片革墊靴底，即同覆大地。如是吾不克，盡制諸外敵，唯應伏此心，何勞制其餘？」意思是，為了避免腳被大地上的荊棘刺傷，愚笨的人需要足量的皮革遍覆大地，而聰明的人只需用一塊靴底那麼大的皮革墊在腳底，就等於蓋住了所有的地面。同樣，我們不可能將產生煩惱的外境全部鏟除，只要降服住了自心的煩惱，就可以避免煩惱所帶來的一切痛苦。

人生短暫，在座的道友，希望你們聽過這些教言後，不要當成耳邊風。什麼才是一生當中最重要的修行法門？大家應該清楚了吧！

第八節課

（2005年7月14日晚上9時）

　　現在繼續講《〈修心七要〉耳傳略釋》的第七個問題——菩提心的學處。

　　昨天已經講了，修行人應選擇大小乘中的哪一個法門呢？答案是選擇大乘菩提心；那麼，菩提心是以講聞的方式修、還是以修持的方式修？應該以修持的方式修；修持是依教證理證來修、還是依上師的竅訣來修？是依上師的竅訣來修；上師的竅訣是在行住坐臥等威儀中修、還是坐於一處靜修？應坐於一處靜修；靜修時，以捨棄外境的方式修、還是以對治煩惱的方式修？以對治煩惱的方式修。好，今天接著講下面的問題。

【不顛倒是非】

【我們必須斬除以下六種顛倒：

　　第一、忍耐的顛倒。就是對修法所遇到的艱難困苦感到難以忍受，但卻對降伏敵人、護持親眷等等之類的苦難卻很容易忍受的顛倒；】

　　現在的世間人對修行中的艱難困苦，如求法、聞思、修法等，感到索然無味，根本沒辦法忍受，而對於降伏敵人、保護親友、做生意賺錢等，卻樂此不疲，再如何辛苦也願意接受。

《〈修心七要〉耳傳略釋》講義

打個比方，現在你們每天只聽一個多小時的法，這段時間如果對一個世間人來說，簡直就是如坐針氈、非常難熬，但若告訴他：「你不用聽課，去賺錢吧！」那就算站在外面八九個小時，他也不會叫一聲苦。有時我看見在學院修廁所的工人，一直在背大石頭，從來也沒有什麼怨言，可讓他們什麼活都不用幹，只是坐在寬敞明亮的經堂裡聽一節課，用不了半個小時，他們就會抱怨連天。有些道友也是如此，背書一兩個小時，便會覺得身體吃不消，做一些散亂、無意義的事情，馬上就精神抖擻、疲倦全無，擺出一副「捨我其誰」的架勢。這些都是「忍耐的顛倒」——該忍的地方忍不了，不該忍的地方特別有精神。

真正的忍耐應像是一些高僧大德那樣：對於別人掙了多少錢、開了幾家公司等世間瑣事，沒有絲毫興趣，即便聽別人閒聊幾句，也覺得浪費時間，難以忍受；而為了利益眾生、尋求佛法，他們可以義無反顧，即使是常人難以想像的苦行，也能當仁不讓地堅強忍耐。你們現在聞思修行，就是為了將來能夠成辦自他二利，在此期間，不管是遇到氣候的嚴寒酷熱、身體的四大不調，還是生活的拮据困窘，大家也不能退縮。若能以菩提心的力量加以克服，不僅可以積累很大的功德，還能消除無始以來的深重業障。

【第二、意樂的顛倒。就是在修法方面趣味索然，而在謀求今生今世的榮華富貴方面卻興致勃勃的顛倒；】

很多人對修行佛法沒有興趣，給他們講菩提心的功德、五部大論的殊勝，就像餓狗面前放青草一樣，怎麼也提不起精神來。反過來，如果告訴他們「怎樣賺大錢」、「如何才能飛黃騰達」……他們準保會豎起耳朵、睜大眼睛，生怕漏掉了一字半句。

我們有些道友也是這樣，一聽到「背誦考試」、「修菩提心」等字眼，就覺得度秒如年，眼睜睜地盼望著趕快下課，但在看一些引生貪嗔癡的電視，或者沒有意義的雜誌時，他們便饒有趣味，即使白天不吃飯、晚上不睡覺，也是非常樂意的。這些壞習氣不僅年輕人有，在老年人身上也體現得淋漓盡致。有的老年人平時不喜歡念佛，偶爾念一點佛，也是從頭到尾哈欠連天，更有甚者，佛號與呼嚕聲此起彼伏，可是如果讓他看一些無聊的電視，或者與人擺龍門陣，他的意樂馬上就增上百倍，即使不用喝咖啡，也能夠通宵達旦，時刻保持清醒的頭腦。這些都是「意樂的顛倒」。

【第三、品味的顛倒。也即不想品嘗通過聞思修而獲得的法味，卻想嘗遍世間諸妙欲之味的顛倒；】

本來，釋迦牟尼佛的妙法甘露極為難得，就像《札嘎山法》中所形容的：聞思修行的法味，能將我們相續

《〈修心七要〉耳傳略釋》講義

中的酷熱煩惱遣蕩無餘，所帶來的安樂難以用世間語言表達。然而，如果讓善根薄弱的人去品嘗佛法空性、大悲、禪定的法味時，他卻不僅沒有感覺，甚至還像碰到劇毒一樣避之不已。反過來說，他們對於世間的五欲妙樂、聲色犬馬，倒是津津樂道，全部是行家，品嘗生猛海鮮、欣賞流行歌曲、去舞廳跳舞……只要能刺激六根欲望的，都願意百試不爽、全盤接受。這種寧捨佛法無漏妙味，不捨世間有漏妙欲的現象，就是此處所講的「品味的顛倒」。

【第四、悲憫的顛倒。對造作惡業的人不生悲憫之情，卻對為了修行而承受苦行的人生起悲心的顛倒；】

有些人對世間造惡的人不生悲憫，看到他們殺黃鱔、殺兔子，覺得習以為常，沒什麼大不了，相反，對於那些為求解脫而承受苦行的修行人，倒生起了極大的悲心，認為這些人在窮山溝裡沒日沒夜地苦修，簡直浪費了大好光陰，糟蹋了寶貴身體，這種如餓鬼般的生活，實在令聞者傷心、見者落淚。此類不分青紅皂白的現象，就是「悲憫的顛倒」。

以前密勒日巴尊者在山中苦行時，遇到了貢塘地方的七位姑娘，當她們見到尊者枯瘦如柴的身體時，其中一個說：「這人真可憐，我們要發願，來世不要得到這樣一個人身！」另一個姑娘也附和：「是啊！這個樣

子，誰見了都會傷心的。」尊者聽後心想：這些無知的眾生才是可憐！於是，唱了一首道歌：「惡業所損諸眾生，不見己過見人過……於諸真實修行人，棄置不顧如廢石。」有些人就像這七位姑娘一樣，認為出家人的生活沒有樂趣，整天待在窮山溝裡，電視不能看，肉也不能吃，一輩子中什麼享受也沒有，這種單調乏味的生活，對他們來說簡直生不如死；而修行人呢，看到世間人貪得無厭、欲壑難填，怎樣蠅營狗苟，也無法滿足心中的欲望時，同樣也能生起悲憫心，正如密勒日巴尊者所唱：「爾憐我兮我憫汝，汝我皆執悲憫槍。」

今年我去成都時，也帶了一個妹妹去看病，她以前除了在山裡放犛牛以外，從沒有見過外面的世界，到了成都，看到那裡的生活以後非常羨慕，不禁感歎道：「漢族人穿得這麼漂亮，長得也這麼白，就像天子天女一樣，這種生活真令人嚮往！」後來，我帶她去一個叫「老漁翁」的飯店吃飯，她見到剛才的「天子天女」竟然在吃活魚、海鮮，馬上打消了原來的念頭，趕緊發願：「願我生生世世不要變成這樣的漢族人！」

有時想想也確實如此，現在漢地殺生的現象實在太普遍了，大多數飯店為了賺錢，一天當中要殺死無數的眾生。一方面，這些被殺的魚、泥鰍很可憐，牠們一個個被開水活生生地燙死；另一方面，殺害牠們、吃牠們肉的人就更可憐了，因為因果畢竟不會空耗，來世他們

《〈修心七要〉耳傳略釋》講義

一定會加倍償還的。

　　釋迦牟尼佛的傳記中曾記載：佛陀在世時，帕吉波國王率五百將士，一天之內將釋迦族的八萬八千人全部趕盡殺絕（關於此數目，不同經典有不同說法），即使世尊親自出來勸阻，也無濟於事。為什麼區區五百人就能殺死八萬八千個人呢？究其原因，就是因為這八萬八千人前世當漁夫時，曾經捕殺過五百條魚（帕吉波國王等五百人之前世）。

　　經常殺生、吃肉的人，一看到出家人，就認為他們非常可憐，每天除了吃一點青菜蘿蔔外，什麼營養也沒有，簡直跟犛牛沒有差別，但就我們來看，那些人為了長養自己的肉身，一天當中要吃這麼多生命，這種不懼因果的舉動，才真是可憐。在座有些道友以前可能也造過類似的惡業，所以必須要在有生之年精進地懺悔，一方面戒殺放生，另一方面發願不再吃肉，這樣即生當中才有懺悔清淨的機會。

　　總結以上所講的內容，我們應分清悲憫的對境：對修行人來說，暫時的苦行能換取究竟的安樂，故沒有必要濫生悲憫；對世間人來說，短暫的快樂換來了累劫的劇苦，這才是真正值得悲憫的對象。

　　【第五、營求的顛倒。不讓依靠自己的人去追求正法，反而在如何營求今生圓滿方面為他們出謀劃策的顛倒；】

對於依靠自己的人，以財物地位等對其進行幫助是有必要的，但最主要的，是應以正法來饒益他們。我以前認識一位老闆，他一方面給員工很多經濟上的幫助，另一方面要求員工必須要信佛教，否則就不能在公司裡任職，以此方便而使很多人都皈依了三寶。

相反，對如何營求今生的圓滿，就沒有必要去引導他們了。有些上師，為讓弟子能夠趨入正法，依靠了種種善巧和神通神變，而有些上師呢，不僅沒有讓弟子學修正法，反而讓他們天天做飯打掃、處理瑣事，如果這些上師像瑪爾巴尊者一樣是個大成就者，倒也還可以，但如果沒有那種境界的話，這種誤人子弟的行為就很不應理了。

對於「營求的顛倒」，《修心七要》其他講義還有另一種解釋：若有依靠自己的人，應引導他們為了眾生的利益，獲證圓滿如來正等覺的佛果，而不應希求自私自利的小乘聲緣果，或者資財受用等人天福報。

【第六、隨喜的顛倒。對輪迴涅槃的安樂以及善行不加以隨喜，在看到自己的仇敵遭受痛苦時，反而心花怒放的顛倒。】

「隨喜的顛倒」是指有些人對於輪迴和涅槃的安樂，諸佛菩薩有漏無漏的善行，從來不生隨喜之心，可一旦看到仇敵遭受了一些痛苦違緣，他就心花怒放、大肆隨喜。

《大圓滿前行》中就有這麼一個公案：有位格西聽說自己的競爭對手——另一位格西，因為女人而破了戒時，心中興奮難擋，回家燒了一壺好茶大行慶祝，這種幸災樂禍的行為，後來遭到了很多大德的嚴厲呵斥，所以，即使是與自己關係最不好的人，我們也不能希望他們遭遇到任何痛苦。

然而，現在的世間人就不是這樣，他們如果知道自己的怨敵受到了挫折，便樂不可支地大筵賓客，恨不得對方在痛苦的深淵中永遠都不要爬出來。實際上，發了大乘菩提心的人，是不應該這樣顛倒隨喜的，不管什麼身分的人，哪怕與自己關係再不好，只要受到了災難痛苦，我們都應一心一意觀想由自己來代受這些痛苦，否則，顛倒的隨喜必將摧毀自相續中的菩薩戒體。

第八節課

【我們應當首先去除這六種顛倒，然後再依照六不顛倒的準則而修持。】

以上講的六種顛倒，是平時生活中極易出現的，倘若不懂這些道理，我們就會忽略這些問題。

【不時停時修當堅定而修】

修心不應該三天打魚、兩天晒網，而應以堅定的信心，持之以恆地長期修持。

【我們應當捨棄那種因對正法沒有生起定解，所以在修法上時而修持、時而停滯的做法，而應一心一意、恆常不斷地修心。】

修菩提心時，如果心情好，即便是兩、三個小時，也會非常精進；如果心情不好，那就乾脆不修了，這種做法是不對的。就像有些道友，在這幾天剛講完《〈修心七要〉耳傳略釋》的時候，會認認真真地閉著眼睛修兩三天，但到了下個月，這種熱情就沒有了，再過兩三年，可能連法本也找不到了。

所謂的修行，噶當派大德說過，要像河流的相續一樣從不間斷，華智仁波切在《大圓滿前行》中也說：「應當日日不斷專注修法，活到老，修到老。」所以，從現在發下菩提心乃至沒有斷氣之間，我們都應不斷地修持，如果是在家人的話，不管是出差也好，做家務也好，只要有空閒，就一定要修持，這即是所謂的「精進」。

不過，現代人的「精進」經常是一曝十寒，兩三天內依靠上師、道友的因緣，可以精進一會兒，但如果重新回到社會，不知不覺，又被金錢、欲望的巨浪沖得暈頭轉向了。學院開法會時經常有一些居士，每次下山時都信誓旦旦地保證：「上師，我知道修行就像吃飯一樣，不能間斷、不可缺少，所以我發誓回去後一定會不斷地修持。今天在喇榮山溝裡，以這麼多的僧眾為證，我一定不會欺騙您老人家的！」等過了兩三個月，我打

電話問他：「你修了沒有？」回答是：「啊……我忘了，現在的事情太多，實在對不起……」

在家人面臨的生活壓力，也許是我們難以想像的，尤其在當今的金錢社會，人們的消費水平越來越高，如果沒有奔波、沒有競爭，就無法維持最基本的生計。但不管怎麼說，修行也要始終擺在第一位，這在所有的事情當中是最重要的。心裡若存有這樣的觀念，即使平時再怎麼忙，早晚肯定也能各抽出一個小時，一年三百六十五天，還是有很多修行時間的。當然，住在山溝裡的修行人，每天除了吃飯、睡覺以外，幾乎什麼瑣事也沒有，在這種條件下，作為出家人，如果不把精力放在修菩提心上，那還有什麼事可做呢？

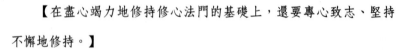

【在盡心竭力地修持修心法門的基礎上，還要專心致志、堅持不懈地修持。】

打好基礎非常重要，若沒有基礎，一味地好高騖遠，就如同冰上建築一樣，終究會徹底坍塌的，所以，我們在正式修心之前，一定要修好共同加行和不共加行，在此基礎上，才能一心一意、專心致志地修持。

尤其對於老年人，如果讓他們聞思、背誦，精力和智慧等各方面恐怕都跟不上，因此現在唯一應該做的，就是專心念佛，而念佛倘若沒有菩提心的攝持，雖然是有一點功德，但卻不是往生的正因。所以，老年人每天

除了將自己的精力放在修行上面以外，應多安排一些時間修菩提心，力爭在臨死前讓這種心在相續中生起；而年輕人呢，就要利用大好時光多聞思經論，以期將來能肩負起弘法利生的重任。可是現在有些情況卻不是這樣：老年人不願意好好修行，成天只想背因明、學中觀，即使牙齒都沒有，也要用牙齦把它啃下來；年輕人天天吵著要閉關，甚至有人27歲就想參加「老年班」……本來《〈修心七要〉耳傳略釋》只有六個顛倒，現在可能還要再加上一個——年齡的顛倒！

年輕人應該好好聞思，現在的漢傳佛教、南傳佛教在這方面非常欠缺，中國十三億人口，完全精通五部大論（戒律、俱舍、因明、中觀、般若）的，簡直如鳳毛麟角、少之又少。雖然法尊法師以前翻譯過中觀、因明、《現觀莊嚴論》，但迄今為止，漢地培養出來的講法僧才卻並不多。縱覽歷史也可以看出，漢地以前幾乎沒有聞思的傳統，多數人除了念佛、坐禪以外，佛法的精華教義基本沒有系統研究過。儘管佛法是任何外道、科學、哲理所無法比擬的，但由於內道弟子不懂其理，當別人問及「前後世為什麼存在」、「業因果為什麼合理」時，經常會啞口無言，而被世人嘲笑為「盲目」、「迷信」，在他們面前也抬不起頭來。本來這些問題都是非常簡單的，但由於大多數佛教徒沒有聞思過佛法，所以尊貴無比的佛教，才變成今天這種一蹶不振的局面。

《〈修心七要〉耳傳略釋》講義

因此，我們不能再固步自封了，改變傳統勢在必行，雖然有些人死守老觀念不放（不願意聞思），但如果這些弊端不改掉的話，佛法不會有重興於世的一天。只把佛法停留在閉目坐禪，或是念阿彌陀佛的層面上，而將真正的教理束之高閣、無人問津的話，這是非常非常可惜的。所以，作為年輕人，你們每個人都有很大的責任，「我已經27歲了，可以參加老年班了」，這種語言不值得接受！

【以二觀察解】

通過兩種觀察，從而獲得解脫。

什麼是兩種觀察？對此，不同論師有不同的解釋方法。宗喀巴大師的弟子在《日光疏》中，將其定義為細觀察和粗觀察。貢智仁波切則認為是觀察煩惱和觀察我執，即是說，一旦煩惱現形，就應以對治將其斷除，如果我執嚴重，就要以無我的修法把它看破。而此處，無著菩薩又有另一種解釋方法：

【首先觀察自己的相續，看哪一種煩惱最大，並不遺餘力地將其壓服。】

找出自相續中最粗大的煩惱，然後想盡一切辦法將其壓服。

【其後，再依靠產生這些煩惱的對境等等重新進行觀察，看還會不會產生這些煩惱。如果仍然會產生，就拼命地以對治法再次將其斷除，直到這些煩惱不再生起為止。】

通過觀察煩惱的本體，壓服了粗大的煩惱，之後還要依靠生煩惱的對境，再作進一步的觀察，看看這種煩惱到底存不存在了。

有些人認為自己修行不錯，已經斷除了相續中的貪心嗔心，可以到紅塵裡去度化眾生了，實際上，當真正面對一些引生貪心、嗔心的外境時，會發現他的貪嗔煩惱還是照生不誤，根本沒有斷除。這就如同以前的傲慢聲聞一樣，自以為證得了阿羅漢果，所以離開寂靜處來到城市，但當後來遇到外境生煩惱時，才知自己其實並未證悟。

因此，一方面要觀察煩惱的本體是否存在，另一方面還要觀察引生煩惱的外境現前時，煩惱會不會產生，這就是「以二觀察解」。

【不好大喜功】

不應好大喜功，自我吹噓，有點功勞就四處炫耀。

當然，有些大德為了利益眾生，勸勉別人行持善法，而宣揚自己的功德，這種情況另當別論，但一般來講，作為發了菩提心的人，利益眾生理所當然，根本不

值得到處張揚。

【我們要戒除那些認為自己於對方有恩，或認為自己歷盡艱辛地修持了很長時間，或認為自己學問淵博、戒律清淨等等的自矜邀功行為。通過修習自輕他重，從而令自誇之心無地自容。】

有些人偶爾幫別人一次，就認為自己對人家的恩德相當大，如果那人對自己不小心有點冒犯，他就非常生氣，並抱怨道：「這個人太沒良心了！想當初他來的時候，沒有東西吃、沒有地方住，要不是我收留他，怎會有他的今天？可是現在他恩將仇報，不把我放在眼裡，還對我如何如何……」；有些人沒事就喜歡倚老賣老：「我在學院待那麼多年了，什麼風風雨雨沒見過，想當初我怎樣怎樣……」一個人講得手舞足蹈、唾沫橫飛，聽得初學者口水直流、羨慕不已；有些人自恃廣聞博識、持戒清淨，常在人前顯露自己的功德，以博取眾人的喝彩；還有些人只要做了一點點善事，如組織幾個人放生、造了一座佛塔，就要上網宣傳，或製成光碟流通，生怕大家埋沒了他的壯舉，不知道他的業績……

以上這些行為，若對眾生有利，我們也不敢說什麼，畢竟佛菩薩的顯現，非一般凡夫所能窺探。但若自己的發心並非如此，只是為了個人的名利，那這種舉動，就為我們大乘行人所不齒了。為什麼呢？因為大乘主修「自輕他重」，在我們心中，眾生的份量遠遠超過

自己，幫助他們、為他們做一點事情，是理所應當的責任，這又有什麼可炫耀的？

【熱振人的教言是：不要對他人寄予重望，而應祈請本尊。】

「熱振人」指仲敦巴尊者，由於他是熱振寺的創始人，故以此得名。熱振寺是噶當派的祖寺，不僅噶當教法由那裡傳遍十方，三同門（博朵瓦、金厄瓦、普瓊瓦）等高僧大德，也是由那裡培養出來的。據說現在的熱振寺，環境依然清幽，若有機會到那裡修菩提心，應該是非常殊勝的。

此處尊者教導我們：不要對他人寄予厚望，而應一心一意地祈禱本尊。為什麼呢？因為世間人多為出爾反爾、背信棄義之輩，就算曾給他們很大的幫助，他們也會因一點小事而翻臉不認人。所以，若將重望寄予他們身上，最終必定會大失所望：「他怎麼會這樣？我全心全意地幫他，他為什麼要這樣對我……」因此，對世間人的希望越大，最終的失望也就越大。再加上，本來發了菩提心的人，幫助別人應不求回報，如果今天布施了一分錢，明天就想變成十元錢收回來，這種索取回報的心態，根本不算是大乘的發心。

既然如此，應將重望寄託於誰呢？真正值得依賴的唯有本尊。因為他是我們生生世世的依怙，一切功德的

《〈修心七要〉耳傳略釋》講義

源泉，只有經常祈禱他的加持，我們才能迅速獲得世出世間的悉地，暫時與究竟的無上安樂。

【不暴躁易怒】

【即使他人在大庭廣眾之下作出了侮辱、毀謗自己等等的行為，也絕不暴跳如雷，並繼而打擊報復。（針對這一情況，金厄瓦格西曾語重心長地）說道：「如今我們這些修行人的所謂修行並不能對治我執，忍耐力比新肌還弱，氣量狹小到比衛藏的屬鬼更加變本加厲，這就是沒有很好地運用正法的標誌，我們必須要通過修法來對治我執。」】

以前的修行人，修心完全能用來對治我執，可現在的人，不要說有人當眾毀謗自己、揭露自己的過失，就算說一句不太中聽的話，也會暴跳如雷，甚至拿石頭砸人家玻璃窗。針對這種情況，金厄瓦格西說：「假如忍耐力比新肌還脆弱，心胸比衛藏的屬鬼還狹窄，那麼這個人肯定不是真正的修行人。」大家都知道，傷口癒合後長出的新肌特別細嫩，一不小心碰到，也會疼痛半天，難以忍受；拉薩的衛藏有一個屬鬼，氣量比針眼還小，只要人家做事不稱它的意，如沒為它熏煙、沒對它作供養，就會生起難忍的嗔心，對別人進行報復損害……

第八節課

所以，我們應具備寬宏大量的胸懷，千萬不能如此小肚雞腸、睚眥必報。可是有些道友，看到別人在自己

門口倒垃圾，就火冒三丈，為了這麼一點小事，情願拿大石頭砸人，即使對方道歉、懺悔，也不願接受，反而認為人家是虛情假意……實際上，這些行為都是法沒有入心的表現。這種人無法給上師和道友帶來真正的損害，但他自己今生來世的善根卻都被葬送無餘了。狹小的心量關鍵源於自私自利的我執，如果現在不用菩提心來對治的話，一切修行是不可能成功的！

【不喜怒無常莫追求聲譽】

【不要輕易地就表現出歡喜或者不悅的表情，以免傷害到自己的夥伴。】

　　春天的天氣變化莫測，剛才還艷陽高照、晴空萬里，轉眼間就烏雲密布、電閃雷鳴。同樣，有些人的性格也是如此，有時候無緣無故就高興得不得了，可不一會兒，沒有任何原因，又板著個臉，看誰都不順眼，讓你不知道哪裡又得罪他了，還要去琢磨半天。這種喜怒無常的人，常給周圍的朋友和關心自己的人帶來很多麻煩，和他在一起，時時刻刻都要提心吊膽、小心翼翼，生怕一不小心就惹來一場是非。因此，我們應盡量保持穩重的人格，不要動不動就表現出生氣或高興的樣子。

【也不要因幫助他人或精進修行，而企盼得到別人的酬謝與讚歎。】

《〈修心七要〉耳傳略釋》講義

真正的修行人，也不應希求世間的名聲。比如，暫時對別人做了一點幫助、做了一些功德，就想：「我的這個善舉會不會人盡皆知，甚至從新聞裡面報導出來呢？」還有些道友，如果一段時間內修行很精進，也會想：「我這麼精進，都背完一部大論了，上師怎麼不在課堂上表揚我……」

　　做了一點善事，就期盼得到別人的認可與讚歎，對修行人來說，也是沒有真正入道的表現。

　　【我們就是應當像以上所說的那樣，將畢生的精力都投入到以入定與出定的方式勤懇修煉兩種菩提心的事業當中，使其能嫻熟圓滿到胸有成竹的程度。】

　　在全論結束之際，無著菩薩做了一個最殊勝的總結：作為發了菩提心的修行人，一生都應投入到兩種菩提心的修持之中。

　　當然，修菩提心分出定、入定兩種方式：入定時主修勝義菩提心，即抉擇一切萬法為離戲大空性，這實際與大圓滿的「本來清淨」相同；出定時緣一切有情修自他交換，以此引生強烈的大悲心，這就是世俗菩提心。若能將此二者圓融一味地修持，即勝義中抉擇萬法為本來清淨的大空性，世俗中對任何一個眾生不捨慈悲心，那就是諸佛菩薩共同修持的道——空性大悲藏，在此世界上，再沒有比這更殊勝的法了。

各位道友，不知道你們能否在今天發下這個誓願：「從現在起，乃至生生世世，我所有的精力都投入到修持兩種菩提心當中！」如果能的話，以此為基礎精進修持，相信再過五年、十年，大家的相續肯定會有很大變化，原來的自私自利，一定會變成無我利他的慈悲心的。華智仁波切說過：「世俗菩提心是有為法，通過串習是可以逐漸生起的。」一旦菩提心在相續中生起，那時不管你是聞思修行、還是待人接物，在家閉關、還是出門辦事，無論走到哪裡、做什麼事情，都會把眾生的利益放在第一位，不會再有自私自利的念頭了。

佛在經中曾說：「有四種功德不可思議，即修持空性、講經說法、發菩提心、修慈悲心。」在這四種功德中，修菩提心既包括了修持空性，也包括了修慈悲心，所以大家若想即生成就，菩提心是必不可少的津梁。

【將此盛五濁，轉為菩提道，竅訣甘露藏，乃傳自金洲。】

當今時代，五濁猖獗、惡欲橫流，修行人若想將內外違緣全部轉為菩提道用，必須依靠這些傳自金洲上師的竅訣甘露。

【在時濁、眾生濁、命濁、煩惱濁與見濁等五濁十分熾盛的時候，獲得快樂的因緣少之又少，而來自人與非人的傷害等等的痛苦因緣卻層出不窮。在惡緣聚集的時候，如果能將這些惡緣轉為修心

的助伴而進行修心，則無論有再多的惡緣，也都能讓自己的善行不斷增長。】

　　如今，世間越來越污濁，眾生的煩惱也越來越熾盛。有人聽後也許會問：「怎麼會呢？社會不是越來越發展，人們不是越來越幸福了嗎？記得小時候我吃穿都沒有，可現在是要什麼有什麼，樣樣俱全呀！」其實並非如此，如果仔細觀察就會發現，現在世界上的人口越來越多，武器毒藥越來越先進，食物越來越沒營養，環境污染越來越嚴重，天災人禍越來越頻繁……比起劫初時的圓滿福報，現在的時代惡濁不堪。古時候的道德人倫、仁義操守，也幾乎消於法界了，充斥人們感官的都是西方物質文明，為了滿足欲望，人們不惜出賣自己的人格，「富貴不能淫，貧賤不能移，威武不能屈」的浩然正氣，早已蕩然無存。由於貪欲的驅使，人類所造的惡業觸目驚心，以此感召天災人禍層出不窮。人們生活在空虛的世界裡，為了填補精神上的空白，不斷用種種刺激來麻醉神經，自殺率每年也以成倍的速度遞增……

　　儘管外境如此惡劣，但如果相續中有了菩提心的話，即使有惡緣現前，修行也不會有絲毫退失，反能因菩提心的力量，而越來越穩固增上，所以，菩提心對每個修行人都是至關重要的，畢竟修行的道路不可能沒有違緣，各種磨難會接二連三地考驗我們，如果遇到一點逆境就隨順以前的習氣，而把修心法要全拋之腦後，這

個人的修行何時也不可能成功。

最近，許多出家人和居士都對我說：「上師，您這次傳講的《〈修心七要〉耳傳略釋》，對我的利益簡直太大了，我以後一定會學著將惡緣轉為道用的。」若真是這樣的話，那這次利用八天時間，每天傳講一兩個小時，能對你們的一輩子有利，我也感到心滿意足了，但現在很多人學佛只有三分鐘的熱情，剛開始接觸佛法時，對菩提心、上師三寶很有感情，過不了幾年，當出現一些違緣時，馬上就埋怨三寶沒有加持力，菩提心也起不到作用了：「你看，我學佛學了這麼長時間，生活卻越來越倒霉，工作也越來越不順，上師三寶肯定是騙人的，從此以後我再也不修了！」這種現象在當今社會屢見不鮮，要想避免類似的情況發生，修持將惡緣轉為道用的方法勢在必行！

【這種如同能將一切劇毒轉為良藥的甘露一般的、從金洲上師那裡傳下來的竅訣，實在是比其他的竅訣更為殊勝。如果能通達這種修心方式，則所謂的「快樂源泉之城」，也就是指「修持修心之身」，因為自他在輪迴與涅槃中的一切快樂，都是依此而產生的。】

以上所講的菩提心竅訣，猶如能將劇毒轉為甘露的妙藥，是阿底峽尊者承侍金洲上師十二年所得的心要精髓，也是大乘法門的不共特點。

在座的道友，很多人以前都沒有聽過如此殊勝的竅訣，雖然在理論上學習中觀、因明等很重要，但如果整天耽執於詞句文字，也是不行的。所以幾年來，我翻譯了很多內觀修心方面的法要，如《山法寶鬘論》、《開啟修心門扉》、《〈修心七要〉耳傳略釋》等，相信對一些人的修行是有幫助的。

現在許多人不喜歡學習中觀、俱舍，反而特別喜歡實修法門，也許因為實修的法要比較好懂吧。但我希望大家也不要放棄這些理論的學習，若想真正行持弘法利生的事業，就必須要通達佛陀的教法。僅灌一個頂、講一點方便開示，這些簡單的佛法，能做的人比比皆是，而真正要想利益眾生、斷除自他相續中的增益，就一定要精通五部大論。稍有智慧、稍有能力的人，不要認為中觀、因明實在太難懂，所以只要把《修心七要》學好，每天修一點加行，念一些金剛薩埵心咒，求個往生就行了。如果這樣想的話，就不算是一個發了菩提心的大乘佛子。

倘若通達了菩提心的修行方式，所謂的「快樂源泉之城」就在我們的身心當中了。那時無論你走到哪裡，只要有了菩提心的助伴，即使一個人住山洞也很愜意，即使到了大城市，無論誰看到你、接觸你、聽到你的聲音，也能獲得直接或間接的利益。因為真正具有菩提心的人，是所有人天的應供處，他的身體和八大佛塔沒什麼差別。

【如果我們能讓所有的行為都合而為一，令內心與正法相融，並依照修心教法進行修持，在不久的將來，就一定能夠究竟圓滿自他二利。】

發起了菩提心以後，一切行為都會為了利益眾生而做，在他的心目中，只要能夠利益一個眾生，哪怕自己粉身碎骨，也心甘情願、在所不惜。有了這種發心，菩提心就一定會在即生當中成熟，自他二利的事業也定能獲得究竟圓滿。

【由昔修業醒，自眾信為因，能輕苦譏毀，請調我執教，今死亦無憾。】

這是無著菩薩的自述，不屬於《略釋》的正文部分。

「由於前世修行的善業甦醒，故我對大乘佛法具有不共的信心。依此信心的推動，在修行過程中，我不畏艱難困苦以及他人的譏毀輕辱，依靠在上師前求得的調心竅訣，歷經多年苦行，終使菩提心在自相續中生起來了。現在縱然撒手人寰也毫無遺憾，因為這一生我已得到了最甚深的竅訣、最有意義的教言。」

【（因為往昔修習的宿業已經甦醒，便以自己的眾多勝解信為因，在將重重苦難與譏諷詆毀棄置不顧的情況下，才請教到這些調服我執的教言。如今縱然是撒手歸西，也毫無遺憾了。）】

這是對該偈頌的注釋，在藏文中本來沒有，為了方便大家理解，故加在此處。

　　【大自在瑜伽士恰卡瓦在修持內心方面的確是超凡入聖的，他將他眾看得比自己還珍貴，在他的心目中，根本沒有自私心的一席之地，（以上頌詞，就是由他）宣講出來的。

> 源自大恩扎巴法王處，
>
> 圓滿所得耳傳大寶藏，
>
> 以具信徒請而彰顯力，
>
> 願諸眾生圓二菩提心！】

　　這是無著菩薩作的迴向文：「我的《修心七要》耳傳竅訣傳承，是從大恩根本上師——扎巴法王處圓滿獲得的，因為具信弟子扎巴江村的祈請，我才撰著了這部《〈修心七要〉耳傳略釋》。以此著論功德，普願一切眾生能迅速圓滿兩種菩提心。」

　　經過八天的聞思，聽者有聽者的功德，講者有講者的功德。等一會兒，大家共同念一遍《普賢行願品》，一方面是迴向法會期間所做的一切善根，另一方面也是將六月初四那天放生的功德（據不完全統計，放生金額達一百多萬人民幣，遍及八十多個省、市、自治區），一併迴向給天邊無際的老母有情。

【《〈修心七要〉耳傳略釋》此文，是因勝乘瑜伽行者扎巴江村的一再請求，而由無著尊者在寂靜聖地——額奇秋宗（水銀法城）圓滿撰著完畢。】

感謝扎巴江村尊者！沒有他的祈請，大家就不會有緣聽到這麼殊勝的論典。所以，大德手下的弟子如果有能力、有因緣的話，也可以通過這種方式來利益後世眾生。

下面，一起念《普賢行願品》迴向……

二〇〇五年元月一日
譯竟於上海浦東仁濟醫院

注：去年生病時，在上海浦東的「仁濟醫院」住院，當時有幾位居士花費了很多人力物力，對我做了極大的幫助，尤其是《〈修心七要〉耳傳略釋》、《法界寶藏論》等法本初稿，就是在那裡翻譯圓滿的。今年又去了一趟漢地放生，每到一處，皆受到了當地信眾的大力支持和鼎力相助。在此一併感謝大家！

二〇〇五年十一月二十三日
於大雪紛飛之天降日完稿

《〈修心七要〉耳傳略釋》講義

第八節課

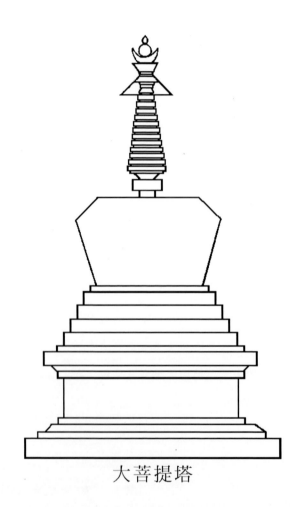

大菩提塔